Stefan Jürgens

Von der Magie zur Mystik

Stefan Jürgens

Von der Magie zur Mystik

Der Weg zur Freiheit im Glauben

Patmos Verlag

VERLAGSGRUPPE PATMOS

PATMOS
ESCHBACH
GRÜNEWALD
THORBECKE
SCHWABEN
VER SACRUM

Die Verlagsgruppe
mit Sinn für das Leben

MIX
Papier aus verantwortungsvollen Quellen
FSC
www.fsc.org
FSC® C014496

Klimaneutral
Druckprodukt
ClimatePartner.com/14549-2003-1001

Für die Verlagsgruppe Patmos ist Nachhaltigkeit ein wichtiger Maßstab ihres Handelns. Wir achten daher auf den Einsatz umweltschonender Ressourcen und Materialien.

Verlagsgruppe Patmos in der Schwabenverlag AG, Ostfildern
www.patmos.de

Umschlaggestaltung: Finken & Bumiller
Umschlagfoto: © privat
Satz: Schwabenverlag AG, Ostfildern
Druck: GGP Media GmbH, Pößneck
Hergestellt in Deutschland
ISBN 978-3-8436-1036-0 (Print)
ISBN 978-3-8436-1315-6 (eBook)

Inhalt

Vorwort

Das Thema »Von der Magie zur Mystik« zieht sich wie ein roter Faden durch mein seelsorgliches Handeln. Bereits die Glaubens- und Kirchenerfahrung meiner Kindheit und Jugend war davon geprägt. Ich habe Menschen erlebt, getaufte Christinnen und Christen, die im Glauben nicht reifen konnten, die zeitlebens in religiösen Kinderschuhen steckten und deshalb an magischen, meistens angstbesetzten Vorstellungen hingen, ja, diese sogar vehement als den angeblich wahren Glauben verteidigten. Seitens der Gemeindeleitung wurde wenig dagegen unternommen, da die kirchlichen Machtstrukturen auf Autorität und Gehorsam angelegt waren.

Erst während des Theologiestudiums bin ich meinem eigenen Kinderglauben entwachsen. Bei einer Vorlesung über den Römerbrief des Apostels Paulus ist mir aufgegangen: Gott liebt mich nicht, weil *ich* gut bin, sondern weil *er* gut ist. Mit einem Mal ist mir klargeworden, dass mein kindlicher Glaube nicht nur naiv und magisch, sondern auch eine finstere Leistungsreligion gewesen war. Hatte ich bei meinen Eltern gelernt, lieb und artig zu sein, so war die Religiosität meiner Heimatpfarrei darauf angelegt, Gott – oder wen man dafür hielt – durch fromme Leistung gnädig zu stimmen. Ich wurde zu Hause mit unendlicher Geborgenheit beschenkt, wodurch ein starkes Urvertrauen entstehen und sich mein Glaube trotz eines gewissen Jesus-Defizits entwickeln konnte. Dieses Defizit bestand darin, dass der Gott meiner Kindertage im Grunde genommen eine Schutzgottheit war, »Herrgott« genannt, der gemeinsam mit dem »lieben Heiland« die Aufgabe hatte, angepasstes Verhalten mit persönlichen Vorteilen zu vergelten. In der Pfarrei glaubte man ebenfalls nicht an Jesus Christus und die befreiende Botschaft seines Evangeliums, sondern an die Autorität des Pfarrers.

In 25 Jahren seelsorglicher Praxis ist mir bei vielen Menschen nur wenig Glaube begegnet, dafür aber viel Magie; wenig Gottvertrauen, dafür aber viel Angst; wenig Entwicklung, dafür aber viel Tradition. Ich behaupte, stets die frohe Botschaft, das Evangelium, gepredigt zu haben; dennoch entdecke ich gerade bei vielen älteren Menschen ein Bestehen auf der alten Angst, ein Verharren in kindlich-naiven Vorstellungen von der Bibel, den Sakramenten und der Kirche. Selbst junge Menschen, die ansonsten mitten im Leben stehen, beharren auf magischen, geradezu grotesken Ansichten. Theologische Aufklärung jedenfalls wird immer noch scharf bekämpft, ja, die gesamte Theologie steht bei vielen Christen unter dem Generalverdacht der Häresie. Wer beispielsweise die Bibel historisch-kritisch auslegt, gilt oftmals als nicht fromm genug, da er ja »nicht mehr alles glaubt«, was angeblich darin geschrieben steht.

Ein Großteil der Christen, so scheint mir, glaubt an einen Gott, den es gar nicht gibt, nämlich an das mit der jeweils herrschenden (weltlichen und auch kirchlichen) Macht verwechselbare und von der Religionskritik längst als Projektion entlarvte Über-Ich, das kontrolliert und beschützt, belohnt und bestraft, verflucht und segnet. Das ist wohl der Grund, warum mittlerweile die meisten Christen ihren Glauben mitsamt ihrer ambivalenten Kirchenerfahrung loswerden wollen, warum sie ihn einfach vergessen oder bewusst verdrängen. An den Vater Jesu Christi, der herausfordert zu entschiedener Nachfolge und leidenschaftlicher Liebe, glauben offenkundig nur die wenigsten.

Mit einem Wort: Die Magie hat es leicht, denn jeder Mensch ist von Natur aus religiös. Der Glaube aber hat es schwer, denn er braucht, um wachsen und reifen zu können, nicht nur fromme Gefühle, sondern intellektuelle Anstrengung, nicht nur das Mitmachen von Ritualen, sondern deren kritische Reflexion – psychologisch gesprochen: nicht nur Regression, sondern vor allem Individuation. Magisch empfinden faktisch zunächst alle Menschen; mystisch sind sie erst dann, wenn sie sich um eine verbindliche, aufgeklärte und handlungsbereite Spiritualität bemühen: Ora et labora. Interessant ist, dass Menschen gerade im Ringen um einen reifenden Glauben jeden Leistungsgedanken über Bord werfen und sich von Gott beschenken lassen können wie ein Kind. Ihr Glaube wird von selbst zur Nachfolge Christi; sie können gar nicht mehr anders, als auf seine Liebe und Hingabe zu antworten.

Ich bin davon überzeugt, dass die Weltgeschichte anders verlaufen wäre, wenn es mehr gereifte und erwachsen gewordene Christinnen und Christen gegeben hätte. Wie hätten sonst zwei Weltkriege von einem Land ausgehen können, dessen Kirchen zur selben Zeit noch zum Bersten voll waren? Nur wenige waren damals couragiert, reflektiert, mutig; die meisten waren gefangen in alten Gehorsamsstrukturen oder haben einfach weggeschaut. Ich bin davon überzeugt, dass die Kirche reformfähiger wäre, wenn die leitenden Persönlichkeiten wirklich erwachsen wären. Die Zugangsbedingungen zum Amt beispielsweise verhindern geradezu, dass wirklich gereifte Menschen in hohe Ämter kommen. Durch den Pflichtzölibat werden Beziehungsunfähigkeit und Infantilität faktisch gefördert und spiritualisiert. Die Auftritte mancher Kirchenoberer jedenfalls machen einen durchaus kindlich-selbstverliebten Eindruck, wenn es hauptsächlich darum geht, Papa Papst und Mutter Kirche zu gefallen; man regiert autoritär, tut dabei fromm und zieht eine Schleimspur angepasster Kirchenfrömmigkeit hinter sich her. Reformen werden verhindert, weil man selbst – wie übrigens alle Traditionalisten – an seiner eigenen Kinderkirche festhält. Die wahren Krabbelgottesdienste, so scheint mir manchmal, finden in den Hochchören unserer Kathedralen statt. Schließlich bin ich davon überzeugt, dass die heutige Weltpolitik anders liefe, wenn die darin machthabenden Christinnen und Christen im Glauben weiter gereift wären; denn dann würden sie religiöse Gefühle nicht nationalistisch missbrauchen, sondern die kritische Kraft und Herausforderung des Evangeliums entdecken.

An der persönlichen Entwicklung von der Magie zur Mystik führt deshalb kein Weg vorbei. Dazu möchte ich allen Christinnen und Christen Mut machen, denn dafür ist es nie zu spät. Ich bin davon überzeugt: Gott will keine infantilen Angsthasen, die nur perfekt gehorchen, sondern erwachsene Töchter und Söhne, die sich entwickeln zu mehr Freiheit und Verantwortung, herausgefordert zu Hingabe und Liebe.

Vorwort

Um eine bessere Lesbarkeit zu ermöglichen, verzichte ich an den meisten Stellen im Buch auf die Nennung beider Geschlechter sowie auf das Gender*sternchen. Gemeint sind aber immer alle (w/m/d).

Von Kindern und Zwergen

Glaube ist kein Zustand, sondern ein Weg. Der Glaube entwickelt sich im Laufe des Lebens. Bleibt ein Mensch auf einer bestimmten, meist frühen religiösen Stufe stehen, spricht man vom Kinderglauben. Wenn ein Kind nicht wächst, wird aus ihm weder ein erwachsenes Kind noch ein kleiner Erwachsener, sondern ein Zwerg. Ich betone, dass es sich hierbei um eine Metapher handelt: Mit dem Zwerg ist selbstverständlich nicht die physiologische Kleinwüchsigkeit gemeint, sondern eine verzögerte oder gar zum Stillstand gekommene religiöse Entwicklung. Man sollte den Kinderglauben deshalb nicht romantisieren, so als habe eine solche Entwicklungsstufe mit unverdorbenem Vertrauen zu tun, gar mit unverbrauchter und unangezweifelter Gottunmittelbarkeit. Es ist ein Zwergenglaube, der bei der erstbesten Lebenskrise wie ein Kartenhaus in sich zusammenfällt. Wer aus seinen religiösen Kinderschuhen nicht herausgewachsen ist, wird bald aus allen Latschen kippen.

Nach meiner Erfahrung gehen menschliche und geistliche Reife Hand in Hand, Beziehungsfähigkeit und Spiritualität sind ein und dasselbe. Wer mit einem Menschen keine verlässliche Beziehung leben kann, wird auch Gott nicht die Treue halten; wen das Schicksal von Menschen unberührt lässt, der lässt sich auch von Gott nicht berühren; an der Nächstenliebe kann man die Gottesliebe exakt ablesen – und umgekehrt. Insofern sorgen autoritäre Strukturen einerseits und kindliche Frömmigkeit andererseits in der Kirche dafür, dass Menschen, insbesondere Amtsträger, nicht reifen können und dann später selbst die Entwicklung anderer Christen behindern. Sie sind selbst nicht beziehungsfähig, was auch noch spirituell überhöht wird. Pastoraltheologen sprachen schon vor Jahrzehnten von der Infantilität des Gottesvolkes und dessen Unmündigkeit im Glauben.

Wie sieht er denn aus, der Glaube in Kinderschuhen? Wenn Erwachsene ihren Kinderglauben nicht abgelegt haben, dann glauben sie meistens mehr an Magie als an Jesus. Gott ist dann ein Wundertäter, der zuständig ist für alles, was ich nicht verstehe, und der überall dort anzutreffen ist, wovon ich noch nichts weiß. Der Gott, der in dieser Lücke sitzt, wird zwar der liebe Gott genannt, aber man traut seiner Liebe doch nicht so recht über den Weg. Deshalb muss man sich bei ihm absichern, denn für gute Taten gibt es Lohn, für schlechte eben Strafe. So lieb ist der liebe Kindergott also doch nicht! Er ist nur ein Buchhalter, der zusammenrechnet und später im Himmel auszahlt, was man für sich selbst erarbeitet hat. Der Glaube in Kinderschuhen findet niemals wirklich zu Jesus Christus. Es geht zumeist bloß um irgendeinen Naturgott – »Herrgott« genannt –, nicht aber um den Vater Jesu Christi.

Johannes vom Kreuz, der große spanische Mystiker, sagt es so: »Nur ein Mensch, der seine hergebrachten religiösen Gewissheiten verloren hat, ist fähig zur Begegnung mit dem lebendigen Gott.« Mit anderen Worten: Nur wer seinen Kinderglauben in Frage stellt, wer ganz bewusst vor und mit Gott zu leben beginnt, findet zu einer persönlichen Gottesbeziehung. Ich bin davon überzeugt: Wer sich wirklich auf Jesus einlässt, gelangt zu einer ganz neuen Freiheit. Wer in dieser Freiheit lebt, kann fröhlich seinen Glauben bezeugen.

Der Kinderglaube ist für Kinder durchaus wichtig, man soll ihn deshalb nicht von vornherein schlechtmachen. Erwachsene können von Kindern viel lernen: Vertrauen haben, die Zeit vergessen, absichtslos neugierig sein, ganz bei einer Sache bleiben, nicht nach Anerkennung und Erfolg schielen, sich nicht mit anderen vergleichen. Der Kinderglaube ist für Kinder durchaus wichtig, denn ohne natürliche Religiosität findet niemand zum Glauben. Im Erwachsenenalter jedoch ist der Kinderglaube kontraproduktiv, denn einen Zwergenglauben will man irgendwann nicht mehr haben, sondern unbedingt loswerden.

Die religiöse Entwicklung vom Kinder- zum Erwachsenenglauben ist der Weg von der Magie zur Mystik. Wie jeder Mensch im Mutterleib Stufen der biologischen Evolution durchläuft, so durchlebt und durchleidet er biografisch den Fortgang der geistig-geistlichen Evolution der Menschheit von einer naiv-magischen Religiosität hin zum aufgeklärt-mystischen Glauben. Es gibt ja nicht nur die biologische, sondern auch die geistige und spirituelle Evolution. In der Frühzeit der Menschheit geht es ums nackte Überleben und entsprechend um die Befriedigung von Urbedürfnissen. Erst später entstehen Rituale, vor allem um die Ereignisse der Lebenswenden herum: Geburt, Heirat, Tod. Solche Rituale geben Sicherheit und Halt, sie verleihen Identität. Denn die Welt wird als magisch empfunden, sie ist unberechenbar und bedrohlich. Deshalb muss man sich wehren gegen böse Geister und gegen ein schlimmes Schicksal. Erst mit der Erfindung der Schrift entstehen Gesetze und Regeln;

Könige sorgen für Ordnung, Moralvorstellungen und Traditionen für ein reibungsloses Zusammenleben. Das verheißene Jenseits bringt den Lohn für ein moralisch gutes Leben, entsprechend wird Ausreißern und Bösewichten die Hölle heiß gemacht. Durch die Wissenschaft lernt die Menschheit erst sehr viel später, sich von einer religiös legitimierten Ordnung zu emanzipieren; seit der Aufklärung muss niemand mehr an Gott glauben, um einen gesellschaftlich anerkannten Platz einzunehmen. Die Welt ist mündig geworden, sie braucht Gott nicht mehr, weder als Welterklärungsmodell noch als Moralinstanz; kein Machthaber ist mehr »von Gottes Gnaden«, kein Problem wird mehr mit der Hypothese eines Gottes, der in der Lücke menschlicher Begrenztheiten oder wissenschaftlich noch ungeklärter Probleme sitzt, zu lösen versucht.

Mit dieser kurz skizzierten geistigen Evolution ist jeweils auch ein Wandel im Gottesbild verbunden. Ist Gott zunächst der Versorger von Urbedürfnissen, so stehen später Stammesgötter am Ahnenhimmel. In kriegerischen Gesellschaften, die sich durch Abgrenzung definieren, sind Macht- und Kriegsgötter gefragt, in Königreichen eher göttliche Vaterfiguren, Gesetzgeber und Richter. Erst mit der Hinwendung zum Diesseits durch die Naturwissenschaften wird das Gottesbild transzendent und mystisch; jetzt geht es um einen verborgenen Urgrund in der Tiefe des Seins. Nach der Erfahrung der beiden Weltkriege im 20. Jahrhundert wurde Gott häufig als Freund bezeichnet, er war jetzt barmherzig und lahm wie ein zahmer Tiger, »er« war jetzt eine »Sie«, nicht mehr nur Vater, sondern auch Mutter. Jede Zeit hat also ihr Gottesbild, das zugleich

Inbegriff einer großen Sehnsucht und Legitimation des Bestehenden oder auch Kritik daran ist. Diese Entwicklung, die über mehr als 50.000 Jahre geht, ist ein Weg von der Magie zur Mystik, also von den allerersten religiösen Stufen bis heute. Und diese Entwicklung muss jeder Mensch durchlaufen, will er nicht im Kinderglauben, also in den ganz frühen Stufen, steckenbleiben.

Magie ist dabei die archaische Vorstellung, dass alles mit allem zusammenhängt und man nur die richtigen Mittel anwenden muss, um das Göttliche nach eigenem Gutdünken zu beeinflussen. Da diese Mittel jedoch auch anderen zur Verfügung stehen, geht mit der Magie immer auch die Angst einher, das Göttliche könne einem Schaden zufügen. Magische Vorstellungen sind demnach immer angstbesetzt und von großer existenzieller Unsicherheit geprägt – das Göttliche erscheint einerseits unheimlich groß, dann aber wieder nützlich und brauchbar und damit klitzeklein, es bleibt unberechenbar und ambivalent.

Mystik ist demgegenüber kein Feld für religiöse Hochleistungssportler oder besonders begabte Gläubige, sondern schlichtweg die konsequente Pflege einer persönlichen Gottesbeziehung. Der Mystiker, die Mystikerin erfährt Gott als ein liebendes, aber auch herausforderndes Du, dem er/sie sich in Freiheit anvertrauen kann. In der Mystik ist Gott der immer Größere, er spricht und hört, er zwingt zu nichts, lässt sich aber auch nicht für eigene Zwecke gebrauchen und damit kleinmachen. Gott ist geheimnisvoll, aber nicht unheimlich; er ist eindeutig, nicht ambivalent. Jeder Mensch, der betet, ist in diesem Sinn ein Mystiker, da er sich auf eine persönliche Beziehung zu

Gott einlässt und aus dieser heraus lebt und handelt. Wie gesagt: Beziehungsfähigkeit und Spiritualität sind im Grunde genommen ein und dasselbe, Mystik ist Gottesbegegnung auf Augenhöhe und per Du.

Geistliche Entwicklung in der Bibel

Erfahrung und Deutung

Die Bibel ist voll von Erzählungen und Bildern einer stufenweisen Glaubensentwicklung. Gott offenbart sich so, wie die Menschen ihn erfahren und vielleicht begreifen können; er geht ihren Lebensweg mit, fordert sie heraus, überfordert sie dabei aber nicht. Er ist ein Gott der Geschichte, nicht der zeitlosen Mythen. Dieser Gott macht in der Bibel selbst eine Evolution durch, er entwickelt sich vom Wüsten- und Wettergott zum universalen Gott aller Menschen; kämpft er zunächst im Kreis der Götter noch eifersüchtig um Vorherrschaft, so zeigt er sich später als Gott für alle. Von Zebaoth bis zum Abba-Vater Jesu Christi ist es ein weiter Weg, der Menschen Mut machen kann, diesen Gott auch auf ihrem eigenen Lebensweg immer besser zu verstehen und tiefer zu erfassen.

Entsprechend gibt es auch und gerade in der Bibel magische und mystische Elemente: die Furcht vor Gott und die Liebe zu ihm, einen machtvollen Kriegsgott und einen ohnmächtigen Gottessohn am Kreuz. Mit einzelnen Bibelsprüchen, aus dem Zusammenhang gerissen, kann man deshalb so ziemlich jeden Unsinn beweisen. Die Bibel zeigt eine geistig-geistliche Evolution von der Magie zur Mystik: Anthropomorphe (menschenähnliche) Gottesbilder lösen sich zugunsten transzendenter

Vorstellungen und Gotteserfahrungen, die zur Liebe herausfordern, auf. Das Verständnis der Bibel wächst ebenfalls mit der menschlichen Erkenntnis; wir verstehen die Bibel heute besser als vor hundert oder tausend Jahren.

Wenn ich in Gemeinden oder Bildungshäusern eine kleine Bibelschule anbiete, wundere ich mich jedes Mal darüber, wie kindlich-naiv viele ansonsten gebildete Menschen mit der Bibel umgehen, so als müssten sie durch ein naives Aufnehmen ihrer Geschichten die Erinnerung an ihren Kinderglauben bewahren. Insofern ist ein aufgeklärt-mystischer Umgang mit heiligen Texten, ja, überhaupt das Zulassen von Hermeneutik, also die Reflexion der Bedingungen des Verstehens, unabdingbar für die Entwicklung eines erwachsenen Glaubens (und des interreligiösen Dialogs).

Die meisten Christen kennen die Bibel nicht, jedenfalls nicht ausreichend. Sie haben zu Hause eine Bibel, aber sie lesen nicht darin. Die Bibel ist der absolute Weltbestseller, kein Buch erreicht höhere Auflagen. Und doch kennen die meisten Christen die Bibel, wenn überhaupt, nur aus dem Gottesdienst. Und auch dort wird häufig nur über die einfachen Stellen, vielleicht über das Evangelium, nicht aber über die Lesungen gepredigt. Oftmals enthalten Predigten auch heute noch eher moralische Appelle als eine Erschließung biblischer Inhalte. So bleibt das meiste fremd. Den Älteren hat man die Bibel nicht zugetraut, zugemutet; im Religionsunterricht wurden noch vor wenigen Jahrzehnten Katechismusantworten abgefragt; aus der Bibel gab es nur ausgewählte Geschichten, Gedanken, Sprüche. Das Alte Testament galt sogar als gefährlich, eben weil es nicht nur erbauliche Geschichten enthält, sondern das ganze Leben: Scheitern und Versagen, Mord und Totschlag, Sex and Crime. Es spricht eben nicht von guten Menschen, sondern von einem guten Gott. Noch heute schalten viele bei der Ersten Lesung ab. Die Bibel, besonders das Alte Testament, ist gleichbedeutend mit »schwer verständlich«. Jugendliche, die es ja anders haben könnten, denen heute alle Möglichkeiten offenstehen, finden die Bibel langweilig.

Die evangelische Kirche galt immer als Kirche des Wortes, die katholische Kirche als Kirche der Sakramente. In der evangelischen Kirche wurde mehr gelesen und gepredigt, in der katholischen Kirche wurde mehr gefeiert und verehrt. Martin Luther wollte zurück zu den Quellen des Glaubens; »sola scriptura, allein die Schrift« hieß einer seiner Grundsätze. So kam es unter Protestanten zu einer Abwehr gegen Zeichen; diese gerieten allesamt unter Magieverdacht. Unter Katholiken kam es zu einer unausgesprochenen Abwehr gegen das Wort, also gegen die Bibel, die zusehends vernachlässigt wurde. Die einen erfuhren Jesus im Wort, die anderen hatten ihn auf dem Altar. Das Zweite Vatikanische Konzil wollte die Bibelangst der Katholiken aufbrechen. Christus ist ja nicht nur im Sakrament wirklich gegenwärtig, sondern auch in jedem Getauften, in der Versammlung, in seinem Wort, in den Werken der Liebe. Deshalb wollte man, wie es damals hieß, dass der »Tisch des Wortes Gottes« reicher gedeckt würde. Wer vor dem Konzil die heilige Messe besuchte, hörte immer dieselben wenigen ausgewählten Geschichten und Sprüche. Kein Wunder, dass man keinen Spaß an der Bibel bekam. Wer heute den Lesejahren der Kirche folgt, bekommt in drei Jahren einen Großteil der Bibel vorgelesen, verkündet, gefeiert. Dennoch tun sich auch heute noch Gruppen, die Gottesdienste vorbereiten, mit der Bibel schwer. Sie erliegen oft der Versuchung, das Bibelwort durch Kurzgeschichten mit einfachsten moralischen Pointen oder durch sogenannte Meditationen, die allein dadurch schön klingen, dass sie ruhig und langsam vorgetragen werden, zu ersetzen. Bibelkreise sind zumeist überaltert oder haben aufgegeben.

Die Bibel ist Gottes Wort in Menschenwort. Sie ist nicht vom Heiligen Geist diktiert. Vielmehr sind hier Glaubens- und Lebenserfahrungen von Menschen aufgeschrieben, die ernst gemacht haben mit Gott. Die Bibel ist Menschheitsgeschichte, gedeutet aus gläubiger Perspektive; sie ist das Leben Gottes, gedeutet von Menschen, die etwas von ihm erfahren haben, die ihren Glauben nicht für sich behalten wollten. Christen glauben also nicht an Verbalinspiration – das Christentum ist in diesem Sinne keine Buchreligion –, aber wenn ein Bibelwort wirkt, dann ist das durchaus inspirierend. Inspiration ist kein Vorgang bei der Abfassung, sondern beim Lesen der Texte, insofern sie vom Hirn ins Herz rutschen und konkretes Handeln bewirken.

Über Jahrhunderte wurde heftig um die Bibel gestritten: Muss man alles wörtlich nehmen? Ist alles wirklich so gewesen? Hat Gott die Welt in sieben Tagen erschaffen? Waren Adam und Eva die ersten Menschen oder nur Symbolgestalten? Hat Jesus wirklich Wunder gewirkt? War sein Grab leer? Kann man aus der Offenbarung die Zukunft dieser Welt ablesen?

Ich kenne Menschen, die schwer enttäuscht sind. Als Kinder haben sie alles geglaubt, was ihnen aus der Bibel vorgelesen wurde. Als Erwachsenen hat man ihnen gesagt, man dürfe nicht alles wörtlich nehmen, auf den Sinn käme es an. Plötzlich halten sie alles für ein Märchen, ihre ganze religiöse Welt fällt wie ein Kartenhaus in sich zusammen. Solche Menschen sind im Glauben Kinder geblieben. Sie unterscheiden nicht zwischen Wirklichkeit und Wahrheit, sie unterscheiden nicht zwischen Geschichte und Botschaft, zwischen den Wörtern der Menschen und dem Wort Gottes. Zumeist haben sie sich niemals kritisch mit ihrem Glauben auseinandergesetzt.

Solche Menschen findet man in manchen Freikirchen, bei den Zeugen Jehovas, in christlichen Sekten, aber auch bei ängstlichen katholischen und evangelischen Christen. Man klammert sich furchtsam an das geschriebene Wort, an vorgeblich historische Tatsachen oder einzelne Bibelsprüche, und geht dabei am Ganzen, am Sinn der Botschaft vorbei. Dabei kommt man häufig zu sehr fragwürdigen theologischen Aussagen und zu einem Glauben, der nicht Freiheit, sondern Angst bedeutet. Statt den Glauben aus dem Wort Gottes herauszulesen, liest man seine eigenen kindlichen und naiven Vorstellungen in das Bibelwort hinein.

Die Bibel ist Gottes Wort in Menschenwort. Sie ist nicht in allem wirklich, aber sie ist wahr. Sie erzählt die Geschichte von Menschen, um in unser heutiges Leben hineinzusprechen. Nicht um Wörter geht es, sondern um das Wort. Deshalb sagt der jüdische Theologe Pinchas Lapide zu Recht: »Man kann die Bibel entweder wörtlich nehmen oder ernst.« Es gibt nur das eine oder das andere. Wer alles wörtlich nimmt, geht garantiert am Sinn vorbei. Die Bibel sagt es selbst: »Der Buchstabe tötet, der Geist macht lebendig!« (2 Kor 3,6). Wer die Bibel ernst nimmt, wer den Geist Gottes aus ihr herauslesen kann, wird sie lieben und aus ihr zu leben versuchen. Er wird gewahr werden: Das Judentum und in dessen Folge das Christentum ist ein Offenbarungsglaube. Niemand kann sich ausdenken, wer Gott ist, niemand kann ihn aus der Natur herauslesen. Dass Gott existiert, mag man an der Schöpfung erkennen, aber wer und wie er ist, nicht. Dazu muss er sich selbst offenbaren, alles andere wäre Naturreligion und damit ein Konstrukt von Menschenhand. Gott offenbart nicht *etwas* über sich, nicht irgendwelche Wahrheiten und Lehrsätze, sondern *sich selbst,* seine Wahrheit und sein Wesen.

Die historisch-kritische Exegese hat gelehrt, Texte aus ihrer Entstehungszeit heraus zu verstehen. Das ist meistens ganz einfach; man braucht dafür kein Theologiestudium, sondern nur Aufmerksamkeit und Geduld. Wer beispielsweise den ersten Schöpfungshymnus (Gen 1,1–2,4a) mit dem zweiten Schöpfungsbericht (Gen 2,4b–24) vergleicht, dem springen die Unterschiede buchstäblich ins Auge; man bekommt eine Ahnung vom Umfeld der Abfassung, von der Lebenswirklichkeit der Autoren und deren Intention. Ähnlich ist es bei den Evangelien. Wer die drei synoptischen Evangelien nach Matthäus, Markus und Lukas miteinander vergleicht und dann das Johannesevangelium liest, kann vernünftigerweise nicht mehr behaupten, alles habe genauso stattgefunden. Vielmehr wird sofort auffallen, dass hier verschiedene Schwerpunkte enthalten sind und dass jeder Autor durch seine eigene theologische Brille von Ostern her auf die jeweils unterschiedliche Lebenssituation seiner Leser schaut. Für alle weiteren zum Verständnis notwendigen Informationen

(Textkritik, Literarkritik, Form- und Redaktionsgeschichte) genügt meistens ein kurzer Blick in die Anmerkungen der gerade vorliegenden Bibelübersetzung. Nach meiner Erfahrung können auch Christen ohne theologische Vorbildung schnell erfassen, dass bestimmte Autoren für bestimmte Zielgruppen schreiben, zum Beispiel Matthäus für Judenchristen, Markus und Lukas für Heidenchristen, und Johannes, der Christus-Mystiker, für Christen in der Verfolgung, die eine starke Ermutigung durch die Einheit mit ihrem Herrn nötig hatten.

Dass alle alten Texte, ob weltlich oder geistlich, ob historisch oder frei erfunden, einer Deutung bedürfen, mache ich gern anhand einer Metapher klar. Wenn heutzutage Volkswagen und Daimler fusionieren würden, so könnte man in der Zeitung folgende Schlagzeile lesen: »Elefantenhochzeit in Wolfsburg und Stuttgart«. Denn jeder weiß, dass mit dem Sprachbild »Elefantenhochzeit« die Fusion von zwei großen Konzernen gemeint ist. Und weil die meisten wissen, wo diese Konzerne ihren Hauptsitz haben, wäre bei der genannten Überschrift jedem sofort klar: VW und Daimler schließen sich zusammen.

Nehmen wir an, fünfhundert oder tausend Jahre später würde in einem alten Archiv ein Exemplar der besagten Zeitung gefunden. Allerdings wüsste niemand mehr, was in unseren Tagen mit der Metapher »Elefantenhochzeit« gemeint war. Die Archäologen würden wohl in Wolfsburg und Stuttgart so lange graben wollen, bis sie Elefantenknochen gefunden hätten. Weil sie aber keine finden würden, wäre es höchst wahrscheinlich, dass sie die Zeitungsmeldung als blanken Unsinn, als Märchen oder Fake-News bezeichnen würden. Es sei denn, in fünfhundert oder tausend Jahren fänden Historiker und Literaturwissenschaftler heraus, welche sprachlichen Metaphern in unserer Zeit gebräuchlich waren.

Genauso müssen wir die Bibel verstehen, auch viele andere überlieferte Texte wie zum Beispiel das Glaubensbekenntnis: Welchen Sinn hatten die Aussagen ursprünglich? Was bedeuteten bestimmte Begriffe, Bilder und Metaphern, als die Texte verfasst wurden? Die Bibel ist nicht für uns geschrieben worden, sondern für die Zeitgenossen der jeweiligen Autoren, also für deren Adressaten. Ihre Umwelt und ihre Gedanken zu begreifen ist entscheidend dafür, ob wir ihre Texte überhaupt verstehen können. Deshalb ist die historisch-kritische Exegese für einen reifen Glauben unbedingt notwendig.

Altes Testament

Im Alten bzw. Ersten Testament erzählen Menschen ihre Geschichte mit Gott. Das könnte eine Steilvorlage sein, auch die eigene Lebensgeschichte nach Gott zu befragen. Dennoch wird das Alte Testament wenig gelesen und in der Liturgie kaum kommentiert. Noch weniger wird es in der Theologie befragt, da es zwar große Erzählungen, aber nur wenig Dogmatik enthält. Dabei ist es eine wichtige Voraussetzung zum Verständnis der Selbstoffenbarung Gottes in Jesus Christus, denn der Bund mit seinem Volk gilt bis heute (Jer 31,31–33); es bedarf also keines neuen Bundes, worauf schon Paulus eindringlich hinweist (Röm 11,18). Die Feier eines »neuen Bundes« in manchen Gebeten und Liedern drückt meines Erachtens sogar einen latenten

Antisemitismus aus. Um die historischen Schriften des Alten Testaments einordnen zu können, genügt ein kurzer Blick in die Epochen der Geschichte Israels: von der Patriarchenzeit über die Flucht der Mose-Schar aus Ägypten, die Rettung durch den Gott der Freiheit, die zugleich die eigentliche Gründung Israels bedeutet; von der allmählichen Landnahme und der Entwicklung vom Stämmeverbund bis zum Staat, der bald zerfällt. Die Zeit der Propheten, die gegen soziale Ungerechtigkeit angehen, die politische Abhängigkeit von Assur, Ägypten und Babylon, das babylonische Exil, die Rückkehr unter Esra und Nehemia und der Aufstand der Makkabäer: Das sind die wenigen historischen Daten, die das Verständnis alttestamentlicher Texte erheblich erleichtern.

Hilfreich ist die Erkenntnis, dass nicht Geschichts*schreibung*, sondern Geschichts*theologie* betrieben wird: Die Geschichte des Volks Israel wird auf Gott hin gedeutet, sie wird nicht einfachhin chronologisch erzählt. Von daher ist vieles tatsächlich erfunden; es ist wahr, ohne wirklich gewesen zu sein. Propheten sind dabei keine Wahrsager, sondern sie sagen die Wahrheit; sie schauen nicht in die Zukunft, sondern mit einem kritischen Blick in die Gegenwart. Dass Psalmen Gebete sind und damit Poesie und Lyrik, die einzig und allein der Beziehungspflege mit Gott dienen, dürfte dabei eine Binsenweisheit sein. Bereits Lukas, der Verfasser der Apostelgeschichte, begeht den Fehler, aus den vermeintlich auf David zurückgehenden Psalmen eine Christologie herauszulesen (Apg 2,25–28; 13,33). Gott ist ein Gott der Menschen, er hat Interesse an den Menschen und ist besonders dort anzutreffen, wo diese Menschen leiden: Das ist für mich die Mitte des Alten Testaments und besonders des Gottesnamens JHWH, des »Ich-bin-da«.

Neues Testament

Das Neue Testament ist das Zeugnis von Jesus, dem Christus. Es muss von Ostern her gelesen werden, da es aus eben dieser Perspektive geschrieben worden ist. Der auferstandene Christus ist sozusagen das hermeneutische Prinzip des gesamten Neuen Testaments. Es geht um das Evangelium von Jesus, also um seinen Tod und seine Auferstehung, geschrieben aus der Sicht der vier Evangelisten, aus der Sicht des Apostels Paulus und einiger anderer Autoren. Darin zentral ist der Ruf zu Nachfolge und Entscheidung, aber zuallererst eine Person: Jesus von Nazareth, der Messias, der Gesalbte Gottes.

Zunächst gibt es verschiedene Überlieferungen, die mündlich weitergegeben werden. Die frühen Christen erwarten die baldige Wiederkunft Jesu und schreiben deshalb nichts über ihn auf. Paulus, ebenfalls von drängender Naherwartung erfüllt, möchte die Welt für Jesus Christus gewinnen; es geht ihm um die Erlösung allein aus Gnade, ohne die Werke des Gesetzes. Für ihn ist Glaube Geschenk, Frömmigkeit und gute Taten sind nicht Bedingung für die Liebe Gottes, sondern deren Konsequenz. Von den Worten Jesu überliefert Paulus nichts, allein sein Tod und seine Auferstehung sind ihm wichtig.

Erst nachdem die Wiederkunft Jesu ausbleibt, werden seine Worte und Taten schriftlich überliefert, allen voran die Passionsgeschichte und verschiedene Sammlungen von Jesusworten.

Aus diesen Überlieferungen erstellen die vier Evangelisten, die selbst keine Augenzeugen sind, ihre Texte. Dabei haben sie eigene Schwerpunkte: Typisch für Markus sind der Ruf zur Umkehr und das Messiasgeheimnis, typisch für Matthäus sind die Schriftbeweise und das Thema Kirche, typisch für Lukas die schön erzählten Geschichten, typisch für Johannes die andauernde, manchmal ermüdende meditierende Reflexion Jesu über seine Beziehung zum Vater. Von zentraler Bedeutung ist, dass die Evangelisten keine Historiker sind, sondern Verkündiger – sie erzählen alles aus der Perspektive von Ostern. So sind beispielsweise die Kindheitsgeschichten fromme Legenden, die Jesus von Anfang an als den Messias Gottes ausweisen sollen. Weihnachten kann man deshalb erst feiern, wenn man Ostern verstanden hat. Kinder können die biblischen Geschichten lernen, nacherzählen, basteln und spielen, aber nicht interpretieren. Dies ist Sache der Erwachsenen, denn die Bibel ist ein Buch für Erwachsene. Jesus hat den Kindern nicht gepredigt, sondern sie in seine Arme genommen und gesegnet. Paulus hat keine Kindergärten gebaut, sondern Gemeinden gegründet und auf deren Fragen geantwortet.

Negative Theologie: die analoge Rede von Gott

Das Denken und die Bibel können sich Gott nicht direkt nähern, denn Gott ist der ganz Andere. Unser Sprechen von ihm ist analog, bildhaft: Ich kann nicht sagen, wer Gott ist, sondern nur, wo er mir aufgegangen ist. Das ist wie bei einem Sonnenaufgang. Jeder weiß, dass die Erde sich dreht und dass deshalb die Sonne nicht aufgeht. Aber dennoch empfindet man es so, als ginge die Sonne auf, man spricht davon, ist fasziniert und berührt. Ich kann auch sagen, dass mein Name in Gottes Hand geschrieben ist. Das ist wieder nur ein Bild, denn Gott ist kein menschliches Wesen und hat deshalb auch keine Hand. Gott ist Geist. Und dennoch tut mir diese Vorstellung gut, weil sie mir sagt, dass Gott mich kennt und mich niemals vergisst. Der Inhalt meiner Aussage (»in Gottes Hand geschrieben«) ist also richtig, wenn auch das Bild (»Hand«) schief ist, es trifft nur analog. Selbst Jesus hat von Gott in Bildern, also analog, gesprochen. Er hat ihn Abba, lieber Vater, genannt. Damit wollte er sagen: Meine Beziehung zu Gott ist wie die Beziehung zwischen Vater und Sohn. Er wollte damit nicht sagen, dass Gott ein Mann ist und irgendwann Vater geworden sei. Der Inhalt ist wieder richtig, aber das Bild bleibt, was es ist: nur ein Bild.

Negative Theologie heißt nun: Alles, was wir von Gott sagen, ist ihm eher unähnlich als ähnlich, denn außer unseren Bildern haben wir nichts im Hirn und in der Hand. Letzten Endes geht es um das Gottsein Gottes: Denn wenn man Gott beweisen könnte wie die Existenz eines Stuhles oder eines Tisches, dann wäre er nicht mehr Gott. Deshalb kann man nicht *über* Gott reden, sondern nur *von* ihm, also von den Erfahrungen, die man mit ihm gemacht hat. Solche Erfahrungen sind zunächst subjektiv, jeder macht seine eigenen, ganz persönlichen Gotteserfahrungen. Wenn wir über diese Erfahrungen sprechen – und deshalb brauchen wir die Gemeinschaft der Kirche –, werden sie intersubjektiv. Wenn solche Erfahrungen eine lange Tradition hinter sich haben und dadurch für die ganze Gemeinschaft der Glaubenden von Bedeutung geworden sind, dann sind sie ein Maßstab für alle neuen, eigenen Gotteserfahrungen. Solche intersubjektiven, durch Tradition wichtig gewordenen Gotteserfahrungen finden wir in der Bibel. Nicht mehr und nicht weniger.

Dietrich Bonhoeffer hat das Ganze am einfachsten auf den Punkt gebracht: »Einen Gott, den es gibt, den gibt es nicht.« Also einen Gott, über den man hundertprozentig Bescheid wissen könnte. Einen Gott, der zum Gegenstand des Denkens geworden wäre, zum philosophischen oder theologischen Begriff oder gar zum Besitz einer Glaubensgemeinschaft. Gott bleibt das absolute Geheimnis, ein Geheimnis jedoch, das den Menschen in Jesus sehr nahegekommen ist. Deshalb können wir nicht an Gott glauben, ohne an Jesus zu glauben. Ohne Jesus bleibt Gott eine leere Chiffre, mit der man so ziemlich alles machen kann, was man will. Man sieht es an den Fundamentalisten jeder Prägung: Sie meinen immer, sie müssten (und könnten) Gott beschützen, weil sie ihn genau zu kennen vorgeben. Sie haben vergessen, dass wir nur in Bildern von ihm sprechen können, und deshalb halten sie die Bilder von Gott (natürlich nur ihre eigenen Bilder, nicht die ihrer Gegner, ohne die sie keinerlei eigene Identität hätten) bereits für das Wesen Gottes. Eine in diesem Sinne positive Theologie führt in den Fundamentalismus, die Negative Theologie jedoch zur Anbetung des großen Geheimnisses, das wir Gott nennen. Der Fundamentalist kennt nur seine eigene Sicht der Dinge, er verweigert jegliche Aufklärung und kann sich nicht in Frage stellen (lassen). Letzten Endes verteidigt er mit aller Gewalt seinen Kinderglauben. Er wehrt sich gegen jede Art der Glaubensinterpretation, denn alle Glaubensbilder hält er schon für Wahrheiten, alle Metaphern bereits für Tatsachen. Für ihn ist Religion eine emotionale, keine kognitive Angelegenheit. Deshalb halte ich den unaufgeklärten kindlich-naiven Kinderglauben bei Erwachsenen sogar für gefährlich. Fundamentalisten-Gruppen vom Nahen Osten bis zum Wilden Westen sind meistens bildungs- und entwicklungsresistent, haben dafür aber einen hohen missionarischen Anspruch.

Wie groß ist dein Gott?

Wenn dein Gott klein ist,
interessiert er sich auch nur
für Kleinigkeiten.
Er hält dich klein
und will dir was.

Wenn dein Gott groß ist,
interessiert er sich für dich.
Er will Entwicklung,
lässt dich wachsen,
will dir alles sein.

Fundamentalisten
haben kleine Götter,
die sie beschützen müssen.
Erwachsene Christen
haben einen großen Gott,
mit dem sie leben dürfen.

Wenn es das Christentum in seiner westeuropäisch aufgeklärten Form nicht gäbe, wenn ich mich nur an Traditionen zu orientieren und Autoritäten zu gehorchen hätte und mich nicht in Freiheit entwickeln dürfte, würde ich mich aus allem heraushalten, was mit Religion und Glauben zu tun hat. Ich wäre also zwar nicht Atheist, aber doch Agnostiker. Von unaufgeklärten Religionen, die die Hermeneutik ihrer Heiligen Schriften ablehnen, ist bisher nur Gewalt und Unfrieden ausgegangen; darauf könnte die Welt gut verzichten. Es bleibt die Herausforderung der Seelsorge, die oft unaufgeklärte Religion vieler Menschen zwar nicht gutzuheißen, aber doch zu ertragen und sensibel mitzutragen. So etwas kann einen Seelsorger regelrecht zerreißen, denn der Weg zur Freiheit ist weit und schwer. Unreife Menschen halten oft an ihren alten Ängsten fest; sie verwechseln sie mit dem, was sie selbst für ihren Glauben halten, und finden dabei weder zu sich noch zu Gott.

Entwicklung im Alten Testament

Unter diesen Voraussetzungen wähle ich einige Bibelstellen aus, um beispielhaft zu zeigen, wie die Entwicklung von der Magie zur Mystik auch die biblische Überlieferung durchzieht. Die Erzählung vom Sündenfall (Gen 3,1–24) ist ein Bild für die Entwicklung eines jeden Menschen. Den Garten Eden hat es nie gegeben, er ist vielmehr das Symbol einer großen Sehnsucht. Von Anfang an fühlten sich die Menschen wie aus einem Paradies vertrieben, sie waren ins Leben hineingeworfen und mussten irgendwie damit klarkommen. Adam und Eva sind wie alle

Menschen vor der Pubertät (und wie die Tiere) geborgen, dafür aber unbewusst. Menschen nach der Pubertät sind bewusst, dafür aber ungeborgen. Insofern spiegelt die Erzählung vom Sündenfall die ganzheitliche Entwicklung vom Kind zum Erwachsenen wider. Erwachsene nehmen das Leben selbst in die Hand; sie haben das Paradies ihrer Kindheit mit all seiner Geborgenheit verloren, sie sind jetzt für sich selbst verantwortlich.

Eine besonders archaische, ja, dunkle Entwicklungsgeschichte ist das Opfer Isaaks durch Abraham (Gen 22,1–19). Der Text gehört für heutige Menschen zu den fragwürdigsten und problematischsten der ganzen Bibel, denn er enthält mehr Fragen als Antworten: Wer ist eigentlich Gott? Hat Gott solche bitteren Glaubensproben nötig? Warum fordert er etwas, das er letztlich gar nicht will? Handelt es sich um eine Ätiologie (Entstehungsvermutung) des Verbots von Menschenopfern oder um eine Geschichte des Glaubensgehorsams? Ist Abraham nicht eher blind für Gottes Willen, weil er seinem Befehl so wenig kreativ und willenlos gehorcht?

In allen diesen Fragen schwingt das allgegenwärtige Thema der Theodizee unausweichlich mit. Als eine Geschichte der Bewährung im Glauben sowie des rettenden Eingreifens Gottes bekommt die Erzählung eine erträgliche Wendung. Abraham wird beim Namen gerufen und antwortet mit gläubigem Gehorsam. Gott fordert nicht nur *etwas,* sondern Isaak, den Sohn, den Hoffnungsträger. Eine einzige Hoffnung bleibt: Den Ort des Brandopfers wird Gott selbst bestimmen. Die Handlung wirkt so, als warte Abraham bei jeder Bewegung darauf, mit dem schrecklichen Vorhaben aufhören zu dürfen. Ein dringlicher Ruf seines Namens hält Abraham im letzten Augenblick zurück. Erst nachdem er von seinem grausamen Auftrag entbunden ist, erblickt er den Widder, den er nun stellvertretend als Brandopfer darbringt.

Auf einer eher sachlichen Deutungsebene mag die Erzählung eine Ätiologie für die Ablösung des Kinderopfers durch ein Tieropfer sein bzw. die Auslösung des Erstgeborenen durch ein Tier. Auf theologischer Ebene mag Abraham als Vorbild von Treue und Glaubensgehorsam gelten. Auf persönlich-existenzieller Ebene lädt die Geschichte ein, in Abraham und Isaak jenes Leiden an Gott zu sehen, das dieser Welt ins Gesicht geschrieben steht. Abraham, dem in seiner ganzen Ratlosigkeit nichts anderes übrig zu bleiben scheint, als dem grausamen Befehl Wort für Wort zu folgen, steht für alle Menschen, die eigenes und fremdes Leiden zwar nicht verstehen können, aber im Glauben bestehen wollen; für alle Menschen, die an der Unbegreiflichkeit Gottes leiden und dennoch an ihm festhalten. In kindlicher Naivität meinen auch heute manche Menschen, Gott genau zu kennen, selbst wenn sie in seinem Namen Böses tun und dies als seinen Willen ausgeben. Ob sie keine Augen für den »Widder«, also für eine andere Perspektive hatten? Vielleicht wollte Gott von Anfang an gar nicht den Sohn, sondern nur den Widder! Abraham, in dessen Umgebung das Menschenopfer noch üblich war, hatte möglicherweise nur das Althergebrachte mit Frömmigkeit verwechselt. Fundamentalisten und andere Aufklärungsverweigerer glauben auch heute oftmals an einen dunklen Gott, den sie nicht hinterfragen dürfen, der nicht mit sich reden lässt, ja, den sie wider alle Vernunft meinen beschützen zu müssen. Ihnen fehlt der »Widder«, die andere Sicht der Dinge, die Alternative.

Jakob, der Fersenfasser und Erbschleicher, läuft vor sich selbst davon (Gen 25–33). Er ist ein Schlitzohr, der sich in Lügen verfängt. Beim Schwiegervater Laban ist er in der Fremde, lebt von der eigenen Leistung und bleibt doch unversöhnt. Er hat Angst vor dem Leben und vor Gott; voller Zorn blickt er auf seine eigene Vergangenheit. Erst nach dem geheimnisvollen Kampf mit Gott wagt er den Weg zur Versöhnung, ohne zu wissen, ob sein Bruder Esau ihm vergeben wird. Er kommt wieder zu sich selbst, wird wahrhaftig und identisch, kann mit Dankbarkeit sein Leben annehmen. Segen wird eben nicht erschlichen, sondern erkämpft. Der Kindische wird erwachsen, er beendet die Flucht vor sich selbst und stellt sich der Realität: Aus Jakob wird Israel. Das ist sehr erwachsen, das ist ein gereifter Glaube!

Das Buch Exodus erzählt von der grundlegenden Freiheitserfahrung Israels. Diese Erfahrung greift für das Volk weitaus tiefer als die erst später entstehenden Schöpfungshymnen. Der beschwerliche Gang in die Freiheit ist das Ursprungsereignis Israels. Gott und Freiheit sind für das Volk im Grunde genommen ein und dasselbe. Noch bevor Israel über die Schöpfung und den Sinn des Lebens nachdenkt, wird der Auszug aus Ägypten erzählt und gefeiert. Dahinter steht die Erfahrung: Gott ist interessiert an den Menschen, er sieht das Elend seines Volkes, offenbart sich selbst, beruft einen Befreier – Mose – und führt sein Volk aus der Sklaverei heraus (Ex 3,1–15). Unterwegs wird der Sinai-Bund geschlossen: Die Zehn Gebote sollen die geschenkte Freiheit sichern, das Volk soll sich nicht in neue Zwänge begeben.

Doch immer wieder gibt es Rückschläge. Das Volk will zurück zu den Fleischtöpfen Ägyptens. Die Freiheit ist allzu anstrengend, vor allem für Hirn und Magen. Denn wer frei sein will, muss denken wollen und Durststrecken überstehen. Man muss Vertrauen haben, man braucht einen langen Atem. Mit anderen Worten: Das Volk bleibt auf dem Wüstenweg infantil, es will Betreuung statt Freiheit. Diese Art von Regression – zurück zu den Fleischtöpfen Ägyptens, zurück in die kindliche Versorgungsmentalität – gibt es auch heute. Sie äußert sich in kindlichem Gehorsam oder ängstlicher Gesetzlichkeit. Oder man bleibt zeitlebens pubertär und kämpft sich an Autoritäten ab, über die man sich aufregt, wenn man sie weit weg wähnt, die man verbal bekämpft, wenn man unter Gleichgesinnten ist, vor denen man aber buckelt, sobald sie einem persönlich gegenüberstehen.

Woher kommt das infantile oder pubertäre Verhalten? Es hat mit mangelnder innerer Freiheit zu tun, aber auch mit autoritären Systemen, die sich allzu gern anbieten, einem die lästige Bürde der Freiheit wieder abzunehmen. Auf diese Weise entstehen regressive Verhaltensweisen: Nach außen wirkt man gehorsam, nach innen jedoch ist man in Wirklichkeit seiner vermeintlich heilen Kinderwelt nicht entwachsen. Dieses System funktioniert perfekt, auch heute noch: in den Führungsetagen großer Firmen, in Ordensleitungen, in der kirchlichen Hierarchie. Erwachsen zu glauben bedeutet deshalb, sich auf das Wagnis einzulassen, von Gott geführt zu werden; den alten Sicherheiten und Gewohnheiten zu widerstehen, den Fleischtöpfen Ägyptens, dem ängstlichen Verharren im Gestern. Gottes Pastoral ist das Leben in Freiheit. Die Kirchenpastoral muss deshalb den Freiheitsdrang des modernen Menschen ernst nehmen. Ohne innere und äußere Freiheit bleiben wir zeitlebens in Ägypten gefangen: an Fleischtöpfen, die uns abhängig, und an kindlichen Prägungen, die uns klein halten.

Wenige Kapitel später, kurz vor dem Sinai, blickt Gott selbst auf die Befreiung seines Volkes zurück. Einer der Autoren des Buches Exodus lässt ihn sagen: »Ihr habt gesehen, ... wie ich euch auf Adlerflügeln getragen und zu mir gebracht habe« (Ex 19,4). Die Metapher vom Adler ist fester Bestandteil des jüdisch-christlichen Glaubensguts geworden, besonders in Gestalt vieler Lieder: »Der dich auf Adelers Fittichen sicher geführet«, heißt es beispielsweise in »Lobe den Herren« von Joachim Neander. Beim ersten Hören und Mitsingen assoziiert man damit ein Geborgenheitsgefühl: Gott sorgt für mich. Gemeint ist aber etwas ganz anderes. Man kann am Sinai und anderswo beobachten, wie junge Adler fliegen lernen. Der Adlerhorst ist das Nest, das sich oft auf einer Felsklippe über einem tiefen Abgrund befindet. Wenn die Jungen flügge werden, packt sie der alte Adler trotz ihres Zitterns und Sträubens und lässt sie über dem Abgrund fallen. Das Junge zappelt und versucht zu fliegen, aber es gelingt nicht und es stürzt immer tiefer. Plötzlich aber schießt der alte Adler steil nach unten, fängt das Kleine im Fallen auf und trägt es wieder nach oben. Das Spiel beginnt von neuem, bis der junge Adler seine Flügel gebrauchen kann. Der Adler will, dass seine Jungen fliegen lernen. Gott will, dass wir erwachsen werden; darin besteht seine fürsorgende, aber auch konfrontative Liebe. Ein Kuschelgott für Nesthocker ist er jedenfalls nicht, kein Gott des kindlich-bergenden Status quo.

Auch die Jona-Geschichte sowie die Hiob-Lehrerzählung zeigen eine Entwicklung zum erwachsenen Glauben: Jona lernt, nicht mehr wegzulaufen, sondern seiner Berufung zu folgen und die Barmherzigkeit Gottes zu akzeptieren. Hiob beginnt, wider alle Hoffnung zu hoffen, ohne jedoch Gott auch nur ansatzweise zu verstehen – anstatt auf die falschen Freunde zu hören, die ihm mit den alten magisch-kausalen Vorstellungen von Tun und Ergehen ein schlechtes Gewissen machen und Schuld einreden wollen.

Der 22. Psalm zeigt wie kaum ein anderes biblisches Gebet die innere Entwicklung von der Magie zur Mystik, also von archaischen und angstmachenden Vorstellungen hin zum Gottvertrauen. Denn hier betet einer, dessen Schicksal auf der Kippe steht, und er betet sich schlussendlich in Gott hinein. Zunächst ruft er ihn aus seiner bedrohlichen Situation heraus an: »Mein Gott, mein Gott, warum hast du mich verlassen?« Dann erinnert er Gott an dessen große Taten innerhalb der Heilsgeschichte: »Aber du bist heilig, du thronst über dem Lobpreis Israels. Dir haben unsere Väter vertraut, und du hast sie gerettet.« Die bedrängende Gegenwart fasst der Beter in archaisch anmutende Metaphern. Er fühlt sich wie ein Wurm und wird von allen verspottet. Doch dann erinnert er sich erneut an Gottes Treue, die ihm eine Zukunftsperspektive eröffnet: »Du bist es, der mich aus dem Schoß meiner Mutter zog. Von Mutterleib an bist du mein Gott.« Die Krise kommt zu ihrem Höhepunkt, als der Beter die anonymen Mächte in starken Bildern ausspricht und dadurch Distanz zu seinen eigenen Ängsten schafft. Das Unheil wird dabei nicht verdrängt, sondern ehrlich benannt. Der Beter sieht sich bedroht von Stieren, Büffeln, Löwen und Hunden. Er fühlt sich hingeschüttet wie Wasser, wie aufgelöst: mit einem Herzen aus Wachs und einer Kehle, so trocken wie eine Scherbe.

Doch dann kommt der Durchbruch. Die Feindbilder lösen sich auf, auf einmal werden seine Feinde zu Brüdern. Hier geschieht kein magisches Wunder von außen, sondern eine mystische Bewusstseinsänderung im Innern. Nicht der Beter verändert Gott, sondern Gott verwandelt den Beter! Gott ist kein Zauberer, der einen wunderbar aus der Grube zieht oder aus dem Schlamassel befreit, sondern ein freies Gegenüber, dem ich vertrauen kann. Er bewahrt nicht vor dem Unheil, sondern geht mit hindurch. Not lehrt nicht Beten, sondern das Gebet zeigt, dass Gott mitten in der Not gegenwärtig ist. Ob das Problem gelöst ist, das der Beter hier so wortgewaltig hinausschreit, muss offenbleiben. Von einer Lösung ist nicht die Rede, wohl aber von Erlösung: »Ich will deinen Namen meinen Brüdern verkünden, inmitten der Gemeinde dich preisen. Deine Treue preise ich in großer Gemeinde; ich erfülle meine Gelübde vor denen, die Gott fürchten. Vom Herrn wird man dem künftigen Geschlecht erzählen, seine Heilstat verkündet man dem kommenden Volk; denn er hat das Werk getan.« Das Vertrauen ist wiederhergestellt, weil die Not in Gott schon gewendet ist – sie wird angesichts des Glaubens an den liebenden Gott nicht mehr als übermächtiges Unheil erfahren, sondern auf diesen Gott hin relativiert.

Wer den Psalm aufmerksam liest, entdeckt sofort, dass er bei der Abfassung der Passionsgeschichten der Evangelien Pate gestanden haben muss; sehr viele Parallelen – sprachlich und in der Abfolge der Geschehnisse – legen dies nahe. Wenn Jesus diesen Psalm am Kreuz gebetet hat (vgl. Mk 15,33–37), dann hat er sicherlich nicht nur das überlieferte »Mein Gott, warum hast du mich verlassen?« hinausgeschrien, sondern auch das vertrauende »Von Mutterleib an bist du mein Gott.« Für Jesus war das Psalmenbeten Vertrauensarbeit: Die Gebete, die er bereits kannte, entfalteten ihre verändernde Kraft, als er sie brauchte.

Entwicklung im Neuen Testament

Auch Jesus macht eine Entwicklung durch. Er muss glauben lernen wie jedes andere Kind; er geht den Weg von der Geborgenheit zum Bewusstsein, vom Mitmachen vorgegebener religiöser Rituale zur selbstbestimmten Spiritualität, vom Hinnehmen überkommener Traditionen zum Entdecken seiner eigenen universalen Sendung, von der Magie zur Mystik.

Exemplarisch dafür steht die Begegnung mit der heidnischen Frau, deren Tochter krank ist (Mk 7,24–30). Jesus will sie zunächst nicht heilen, ja, er weist sie schroff ab, beinahe vulgär. Erst durch die Hartnäckigkeit und Klugheit dieser Frau entdeckt Jesus seine Sendung zu allen Menschen, entwickelt er eine Vorstellung universaler Nächstenliebe.

Die Versuchungsgeschichte (Mt 4,1–11, Lk 4,1–13) zeigt Jesu eigene Entwicklung am Anfang seines öffentlichen Wirkens. Für viele Christen hat das Wort Versuchung einen ganz eigenen

Klang. Es weckt Erinnerungen an die Süßigkeiten, auf die man verzichten sollte, und die deshalb gerade in der Fastenzeit besonders lecker waren. Dadurch ist das Wort Versuchung zu einer großen Münze mit kleinem Wert geworden. Denn bei den Versuchungen geht es um viel größere Fragen: Wer bin ich? Wie kann ich sinnvoll leben? Letzten Endes geht es um Freiheit zu einem selbstbestimmten Leben. Es geht um die Freiheit, die Gott schenkt und die das Leben erst glücklich macht. Die Szene spielt direkt nach Jesu Taufe im Jordan. Jesus wird, erfüllt vom Heiligen Geist, in die Wüste geführt. Er ist also auch in der Wüste nicht von allen guten Geistern verlassen. Vierzig Tage lang ist Jesus in der Wüste – eine Erinnerung an den Wüstenweg Israels ins Gelobte Land, in die Freiheit.

»Da sagte der Teufel zu ihm: Wenn du Gottes Sohn bist, so befiehl diesem Stein, zu Brot zu werden« (Lk 4,3). Gerade erst – bei seiner Taufe – hatte Jesus das Wort Gottes gehört: »Du bist mein geliebter Sohn.« Jetzt muss er beweisen, dass er standhält: »Wenn du Gottes Sohn bist, so befiehl« (Lk 4,4). Jesus besteht die Situation mit Bravour. Und antwortet dem Teufel: »In der Schrift heißt es: Der Mensch lebt nicht nur von Brot«, ein Zitat aus dem Alten Testament (Dtn 8,2f), wodurch Jesus als der neue Mose erscheint, der das Gesetz zur Erfüllung bringt. »Da führte ihn der Teufel auf einen Berg hinauf und zeigte ihm in einem einzigen Augenblick alle Reiche der Erde. Und er sagte zu ihm: All die Macht und Herrlichkeit dieser Reiche will ich dir geben … Wenn du dich vor mir niederwirfst und mich anbetest, wird dir alles gehören« (Lk 4,5–7). Wieder antwortet Jesus mit einem Mose-Zitat: »In der Schrift steht: Vor dem Herrn, deinem Gott, sollst du dich niederwerfen und ihm allein dienen« (Lk 4,8). In der dritten Versuchung wird die Situation buchstäblich auf die Spitze getrieben. Der Teufel stellt Jesus oben auf den Tempel und sagt zu ihm: »Wenn du Gottes Sohn bist, so stürz dich von hier hinab; denn es heißt in der Schrift: Seinen Engeln befiehlt er, dich zu behüten; und: Sie werden dich auf ihren Händen tragen, damit dein Fuß nicht an einen Stein stößt.« Jesus antwortet wieder mit einem Bibelwort: »Du sollst den Herrn, deinen Gott, nicht auf die Probe stellen.« Bemerkenswert ist an dieser Stelle besonders: Auch der Teufel kennt die Bibel, denn er zitiert Psalm 91. Merke: Mit der Bibel in der Hand gehört man noch nicht automatisch zu den Guten.

Dieselben drei Versuchungen, die ich bei Lukas lese, gibt es auch bei Matthäus, nur in anderer Reihenfolge. Aber bei Markus, dem ältesten Evangelium, tauchen sie gar nicht auf. Da wird nur von der Wüste gesprochen, und dass Jesus dort mit dem Teufel zu tun bekommt. Offenbar haben die ersten Christen in diese ursprüngliche Fassung etwas hineingeschrieben, nämlich ihre eigene Lebenserfahrung. Die drei Versuchungen bei Matthäus und Lukas haben ja auch etwas Typisches. Alle Menschen bekommen damit zu tun, auch Jesus. Die drei Versuchungen sind Urbilder – Archetypen – für das, was jeder Mensch durchmachen muss. Denn jeder Mensch braucht Nahrung, jeder möchte genießen und besitzen. Das aber kann in Gier umschlagen, in Habsucht und Konsum. Dafür steht die Versuchung, aus Steinen Brot zu machen. Viele Menschen wollen herrschen, sie streben nach Macht und Einfluss, was zur Diktatur verkommen kann. Der Teufel verspricht Jesus eine solche Macht, wenn er sich vor ihm niederwirft, wenn er sich mit dem Bösen einlässt. Schließlich strebt so gut wie jeder Mensch nach Anerkennung und Prestige; das aber kippt schnell um, Menschen werden eitel und narzisstisch. Dafür steht die dritte Versuchung: »Stürz dich von hier hinab« – der Teufel möchte Jesus zu einem Schauwunder verführen, er soll sich vor anderen als Supermann gebärden. Die drei typischen Versuchungen heißen also: Besitz, Macht und Ruhm. Aus diesen drei Grundstrebungen erwächst das Böse. Wenn auch Jesus diesen Versuchungen ausgesetzt war, dann soll mir das Mut machen, mich mit diesen Kräften auseinanderzusetzen, mich darauf einzulassen und dabei selber Herr im eigenen Haus zu bleiben. Es geht um Freiheit, bei Jesus und bei mir. Und ich bin, wie er, nicht allein, nicht von allen guten Geistern verlassen, auch nicht in den Wüstenzeiten meines Lebens. Also kann ich den Versuchungen, die auf mich warten, mit Selbstbewusstsein begegnen und mich mit Gottvertrauen weiterentwickeln.

Versuchungen führen mich jedes Mal, wenn sie mich treffen, in eine Krise. Manchmal nur in eine ganz kleine, die ich im Alltag leicht bewältigen kann. Aber ich falle auch in tiefe Lebenskrisen, bei denen es ums Ganze geht. Krise bedeutet Urteil und Entscheidung. Eine Krise hat den Sinn, mich zu einer Entscheidung zu bringen, die unausweichlich ist. Ich *kann* mich nicht nur entscheiden, ich *muss* mich entscheiden. Das merke ich spätestens dann, wenn ich tief in der Krise stecke. Jesus lässt eine solche Krise nicht einfach über sich kommen, sondern er lässt sich auf sie ein, er nimmt sie ernst und stellt sich ihr. Das ist sehr erwachsen! Der Teufel ist eine Personifizierung dieser Krise.

Er stellt Jesus vor die Entscheidung für oder gegen Gott. Er will erreichen, dass Jesus sich in der Welt sicher fühlt und seinen eigentlichen Auftrag vergisst, die Sendung durch Gott, seinen Vater. Jesus soll nicht die Freiheit Gottes wählen, sondern auf eigene Sicherheiten setzen. Dafür stehen symbolisch: Brot im Überfluss, Herrschaft und Anerkennung, also Besitz, Macht und Ruhm.

In der biblischen Versuchungsgeschichte läuft Jesus vor seiner Krise – dargestellt durch den Teufel – nicht davon. Er stellt sich ihr – ganz erwachsen – und entscheidet sich in aller Freiheit für Gott. Auf die Versuchung zum Besitz antwortet er: »Der Mensch lebt nicht vom Brot allein.« Jesus kann also loslassen, ist nicht besessen vom Besitz. Für dieses Loslassen gibt es eine gute Übung: das Fasten. Gemeint ist damit nicht das Bemühen, schlanker zu werden, um gesünder zu leben oder besser auszusehen. Fasten ist vielmehr die Einladung zu einem selbstbestimmten Leben. Es geht darum, frei zu werden von Gewohnheiten, Bedürfnissen und Ansprüchen, um wieder frei zu sein für sich selbst, für andere, für Gott. Wer loslassen und verzichten kann, wird wieder Herrin oder Herr im eigenen Haus. »Fasten your seatbelt«, heißt es im Flugzeug: Fasten macht Leib und Seele fest.

Auf die Versuchung zur Macht antwortet Jesus: »Vor dem Herrn, deinem Gott, sollst du dich niederwerfen und ihm allein dienen.« Damit erkennt er an: Gott ist Gott, und sonst niemand. Er relativiert unser Machtstreben, kein Mensch ist allmächtig. Ein gutes Mittel, Gott als Gott anzuerkennen und sich dabei selbst zu relativieren, ist das Gebet. Denn wer betet, hört auf

Gott, spricht zu ihm oder schweigt vor ihm. Auf jeden Fall hält er sich nicht selbst für Gott.

Und schließlich antwortet Jesus auf die Versuchung zu Ruhm und Eitelkeit: »Du sollst den Herrn, deinen Gott, nicht auf die Probe stellen.« Die Ehre gehört Gott, denn was Menschen um ihrer eigenen Ehre willen tun, nimmt selten ein gutes Ende. Selbstverständlich braucht jeder Mensch Anerkennung. Wer jedoch immer nur toll sein will, landet bald im Tollhaus. Ein bewährtes Mittel, sich selbst nicht zu wichtig zu nehmen, ist das Almosengeben. Damit ist nicht gemeint, vom reich gedeckten Tisch nur ein paar Brosamen abzuzweigen, sondern alles zu teilen, was man hat und so viel man kann, wirklich und wahrhaftig.

Die grundlegenden Versuchungen heißen: Besitz, Macht und Ruhm. Wenn ich mich davon nicht gefangennehmen lasse, werde ich in den Krisen des Lebens standhalten. Ich werde ein selbstbestimmtes Leben führen. Die Mittel dazu können heißen: Fasten, Beten und Almosengeben. Fasten bedeutet, eine gesunde Einstellung zu mir selbst zu haben. Beten heißt, mit Gott im Gespräch zu bleiben, und Almosengeben führt dazu, dass ich nicht mehr um mich selber kreise, sondern mein Leben mit anderen teile. Die Liebe zu mir selbst, zu Gott und zum Nächsten bewirkt, dass ich innerlich frei bleibe. Wer mit sich, mit Gott und den Menschen im Reinen ist, bestimmt sein Leben selbst. Selbstbeherrschung statt Fremdbestimmung, leben statt nur gelebt werden: Die Freiheit nehme ich mir! Es ist die Freiheit, die Gott mir schenkt. Wer die ihm geschenkte Freiheit in Verantwortung ergreifen kann, ist wie Jesus im Glauben erwachsen geworden.

Der barmherzige Samariter (Lk 10,25–37) wird von Jeus als ein erwachsener und gereifter Mensch dargestellt, der aus einem angstfreien Gewissen heraus verantwortlich und situationsgerecht handeln und dabei Grenzen überschreiten kann. Als Samariter gehört er einer religiösen Richtung an, die den Tempel ablehnt und deshalb vom benachbarten Israel ausgegrenzt wird. Dennoch hilft er dem Fremden mit Herz und Hand, mit Sinn und Verstand. Der Levit und der Priester hingegen, die den Verletzten liegen lassen, haben nur ihre kultische Reinheit im Sinn. Auf dem Weg zum Tempel dürfen sie nicht mit Blut in Kontakt kommen und sind offensichtlich der Meinung, deshalb auch keinem Verletzten helfen zu können. Sie wollen nichts falsch machen und tun deshalb nichts. Ihre ängstliche Gesetzlichkeit und kultische Frömmigkeit werden bis hin zur grausamen Unmenschlichkeit pervertiert. Kultisch missverstandene Gottesliebe, verbunden mit religiöser Rechthaberei, führt fast immer am Nächsten vorbei; auf dem Weg zu großen Heiligtümern liegen vergessene und übersehene Menschen, die offensichtlich weniger wert sind als der korrekte Kult.

Die Szene spielt auf dem Weg von Jericho nach Jerusalem, also im Wadi Qelt. Dort ist es größtenteils so eng, dass man tatsächlich einiges an Energie aufbringen muss, an einem hilflos daliegenden Menschen kaltherzig vorbeizugehen. Religion, die aufgrund kultischer Vorschriften nicht mehr hilfreich ist, dient zu nichts. Wie peinlich für die angeblich allzeit korrekten Religionsdiener damals und heute! Der barmherzige Samariter jedoch geht über alle religiösen und ethnischen Grenzen hinweg und tut das einzig Richtige. Er hat verstanden, worum es geht, hat sich im Glauben entwickelt, sein Herz ist wach – eben barmherzig.

Einen wichtigen Aspekt zum Verständnis der Geschichte bietet die Rahmenerzählung (Lk 10,25–29.36–37). »Wer ist mein Nächster?«, fragt der Gesetzeslehrer. Er will Jesus damit auf die Probe stellen. Jesus gibt die Antwort nicht direkt, sondern erzählt die Geschichte vom barmherzigen Samariter. »Wer ist mein Nächster?«, fragt der Gesetzeslehrer. Und Jesus fragt zurück: »Wer von diesen dreien – Priester, Levit, Samariter – hat sich als der Nächste dessen erwiesen, der unter die Räuber gefallen ist?« Das ist eine ganz andere, geradezu verblüffende Perspektive. Nicht der, der Hilfe *braucht,* ist der Nächste, sondern der, der Hilfe *gibt.* Der Samariter macht sich zum Nächsten, indem er hilft und heilt. Nicht »Wer ist mein Nächster?«, sondern »Wer hat sich als Nächster erwiesen?«, das ist hier die Frage.

Wenn ich helfe, werde ich dem, der Hilfe braucht, zum Nächsten. Ich verändere mich, wenn ich die Menschen wirklich liebe. Tätige Hilfe und Barmherzigkeit machen aus mir einen anderen Menschen: einen Nächsten! Der Nächste ist nicht das Objekt caritativer Betreuung, sondern das Subjekt tätiger Hilfe. Wer das begriffen hat, wird hilfreich sein – nicht nur medizinisch, sondern menschlich, auf Augenhöhe.

Eine besonders erwachsen wirkende neutestamentliche Bibelstelle ist die Tempelreinigung, die bei den Synoptikern Matthäus, Markus und Lukas die letzten Tage Jesu in Jerusalem einläutet und bei Johannes eine Ouvertüre zum gesamten öffentlichen Leben Jesu darstellt (Mt 21,10–17, Mk 11,11.15b–17; Lk 19,45–46; Joh 2,13–17). Jesus räumt kräftig auf, zeigt sich ungewohnt zornig und wirft die Tierhändler und Geldwechsler aus dem Tempel hinaus.

Beim ersten Hören oder Lesen könnte man meinen, es handle sich um eine Anleitung für das rechte Benehmen in Gotteshäusern. Bedenkt man jedoch, dass die Tierhändler im Tempel Opfertiere verkauften und die Geldwechsler für die bildlose und damit nichtrömische Tempelwährung, also für religiös korrekte Spenden, zuständig waren – dass also ohne diese Berufsgruppen der Tempelbetrieb gar nicht funktioniert hätte –, so wird deutlich: Jesus will den Tempelkult nicht in Ordnung bringen oder reformieren, sondern endgültig abschaffen! Für ihn ist jeder Mensch ein Tempel Gottes, bei ihm muss man Segen und Wohlergehen nicht mit Opfern erkaufen; er vergibt Sünden ohne kultische Handlungen, einfach durch seine liebende Zuwendung und sein vollmächtiges Wort. Im Grunde genommen schafft Jesus mit der Tempelreinigung die Religion ab, denn in der Religion geht es darum, Gott durch Frömmigkeit und Kult zu beeinflussen, während im Glauben der Mensch auf Gottes zuvorkommendes Handeln, auf die in Jesus Christus offenbarte Liebe und Hingabe, antwortet. Ich komme darauf noch ausführlicher zurück. Wer Gott mit guten Taten bestechen will, macht nicht nur das Gotteshaus zu einer »Räuberhöhle« (Mt 21,13; Mk 11,17; Lk 19,46), sondern Gott selbst zu einem »Räuber«, der den Menschen ihre Lebensfülle »raubt«, indem er ihnen Angst macht. Nur deshalb sagt Jesus, der Tempel soll ein »Haus des

Gebets«, das heißt des angstfreien Glaubens und der vertrauensvollen Hingabe, sein.

Interessant ist die Fassung bei Markus, denn bei ihm gibt es eine Rahmenhandlung rund um die Tempelreinigung, in der Jesus einen Feigenbaum verflucht (Mk 11,12–23). Der arme Feigenbaum muss einem dabei nicht leidtun, denn er stellt lediglich symbolisch den Tempelbetrieb mit seinen kultischen Opfern dar: So wie der Feigenbaum viele Blätter, aber keine Früchte hat, ist das Brimborium des religiösen Kults zwar aufwändig, aber fruchtlos. Fruchtbar ist allein der Glaube an Jesus, wie es in der Johannes-Fassung treffend zum Ausdruck kommt: »Reißt diesen Tempel nieder, in drei Tagen werde ich ihn wieder aufrichten« (Joh 2,19). Jesus ruft in die Nachfolge, in die universale Nächstenliebe, die Gott in jedem Menschen – und nicht in Tempeln – zu finden vermag. Jesus schafft den Kult und damit die Religion ab und plädiert für die Gottunmittelbarkeit eines jeden Menschen. Er lässt den ererbten Kinderglauben eines magisch verfügbaren Gottes hinter sich und wird dadurch eigenständig und erwachsen.

Ähnlich wie bei der Übertretung des Sabbatgebots zugunsten der Heilung von Menschen oder wie beim Mahlhalten mit Zöllnern und Sündern, durch das er sich selbst kultisch unrein machte, stellt Jesus das Bestehende radikal in Frage und findet eine eigene, selbstverantwortete Spiritualität. Die Beziehung zu seinem Abba-Vater ist ihm wichtiger als die religiöse Tradition und kultische Konvention. Jesus geht seinen eigenen Weg. Er macht keine religiöse Wallfahrt, was man daran ablesen kann, dass er die traditionellen Reinigungsriten rund um den Tempel missachtet. Vielmehr geht er nach Jerusalem, um einen Tempel zu stürzen, der als Kultort und »Räuberhöhle« ausgedient hat. Jesus stört die Ordnung, er ist ein Unruhestifter, und das macht ihn für die religiöse Hierarchie wie für die regierenden Römer gleichermaßen gefährlich. Nur so sind seine Verhaftung und Verurteilung historisch gesehen überhaupt verständlich; einen Rabbi mit neuen Ansichten hätte man schlimmstenfalls gebannt, nicht aber wie einen Verbrecher gekreuzigt.

Besonders auffällig trennt die Geschichte von der Heilung der zehn Aussätzigen (Lk 17,11–19) zwischen Kinder- und Erwachsenenglauben. Jesus heilt die Aussätzigen, indem er ihnen, treu zum jüdischen Gesetz, aufträgt, zu den Priestern zu gehen, um die Heilung bestätigt zu bekommen. Neun Geheilte tun, was Jesus sagt, bekommen, was sie wollen – und werden nicht mehr gesehen. Ein Geheilter kehrt um zu Jesus, zeigt sich also nicht den Priestern, sondern antwortet stattdessen existenziell. Unreflektierte Religiosität bleibt auf Nützlichkeit aus, gereifter Glaube wird beziehungsorientiert. Interessant ist der pastorale Realitätssinn: Neunzig Prozent bleiben letztlich unreif, zehn Prozent werden erwachsen und folgen Jesus nach. Hundert Prozent werden gesund, aber nur zehn Prozent geheilt.

Der verlorene Sohn und sein beleidigter Bruder (Lk 15,11–32) reifen auf je verschiedene Weise. Der eine wollte nicht mehr Sohn sein und wird es wieder; der andere war es immer, hatte es aber vergessen. Beiden wird die bedingungslose Liebe des Vaters geschenkt, sie brauchen von nun an weder eigensinnig wegzulaufen noch griesgrämig auszuharren. Im Erwachsenwerden begreifen sie die Gnade ihrer Kindschaft.

Petrus ist ein Jünger, den Jesus selbst an die Hand nimmt auf dem Weg von der Magie zur Mystik. Denn Petrus hat Erwartungen an Jesus, die durchaus kindisch wirken: Er will mit ihm erfolgreich sein, für ihn kämpfen und wie er übers Wasser gehen. Schrittweise lernt er, den Weg des Kreuzes zu akzeptieren. Selbst sein dreimaliges Verleugnen wird durch Jesus in die dreimalige Liebeserklärung verwandelt. Dadurch verliert Petrus seine Angst und gewinnt an innerer Freiheit (Joh 21,15–23). Seine Apostelkollegen Johannes und Jakobus entwickeln sich von Donnersöhnen mit karrieristischen Nebenabsichten zu wirklichen Nachfolgern (Lk 9,54).

Zwei biblische Texte, die sehr unterschiedlich aufgefasst werden und deshalb hier als Beispiele dienen können, sind das Gleichnis von den Arbeitern im Weinberg und die Rede vom Weltgericht. Denn Gott kann hier entweder als hinterhältiger Lohnbuchhalter oder als großer Menschenfreund gesehen werden. Die Deutung bestimmt, ob wir voller Angst bleiben oder ob wir uns durchringen können zum Vertrauen, ob wir ängstlich um uns selber kreisen oder ob wir ins Leben reifen. Viele Menschen deuten in diese beiden Bibelgeschichten ihre Ängste hinein, anstatt die Gnade und Liebe Gottes herauszulesen.

Das Gleichnis von den Arbeitern im Weinberg (Mt 20,1–16) gehört zu jenen Bibelstellen, die gerade den Frommen schwer im Magen liegen. In der Geschichte sind diejenigen, die den ganzen Tag gearbeitet haben, am Schluss verärgert und enttäuscht. Beschleicht den, der schwer geackert hat, da nicht der Gedanke: »Ich hätte es ja vielleicht auch einfacher haben können! Warum die ganze Mühe, die Last des Tages, die Arbeit, die Hitze?«

Nachher haben alle das Gleiche. Im Hintergrund steht die Botschaft vom Reich Gottes. Das ist das Ziel, der Lohn. Wer dieses Ziel erreicht, der hat alles, der braucht nicht mehr als das. Aber der Weg dahin! Ich habe den Eindruck, dass die Frommen, die Engagierten, die es mit dem Glauben ernst meinen, manchmal neidisch sind wie die fleißigen Arbeiter aus dem Evangelium. Und ich kann das gut verstehen. Immer aktiv sein, immer auf Achse im Dienst von Kirche und Gemeinde; ein Leben mit den Geboten Gottes, ein Leben nach den Weisungen der Kirche. Normalerweise sagen wir: Das tu ich gern, das gibt mir etwas. Aber daneben gibt es auch den Blick auf die, die nichts davon kratzt, die einfach so dahinleben und in ihrer Freizeit tun, was sie wollen. Nicht dauernd im Dienst einer guten Sache stehen. Haben die es nicht gut, die das alles kalt lässt? Leben die nicht ein friedliches unbeschwertes Leben? Und dann heißt es: Auch sie erben das Reich Gottes. Am Ende kriegen sie das Gleiche wie wir, den ganzen Lohn, das Himmelreich. Fahren nicht die viel besser, die religiös ins Blaue hineinleben und am Ende gerade noch die Kurve kriegen? Sicher haben die einen den ganzen Tag geackert und geschwitzt. Aber sie wussten auch, wofür. Die ganze Zeit konnten sie den Denar schon vor Augen haben. Sie hatten ein Ziel, etwas, auf das sie hinarbeiten konnten, einen Sinn, eine Perspektive. Das ist schon etwas, das ist eine ganze Menge! Anders die auf dem Markt: Den ganzen Tag stehen, ja, lungern sie herum. Sinnlos vertun sie ihre Zeit und wissen nicht, was der nahende Abend ihnen eigentlich bringen wird, was dann mit ihnen sein wird: »Niemand hat uns angeworben.« Das scheinbare Faulenzen ist bei näherem Hinsehen eher ein Zustand versteckter Verzweiflung. Ihr Nichtstun ist wirklich nichts tun. Das Nichts, die Nichtigkeit macht sich breit in ihrem Leben.

Wer arbeitet und sich müht, der hat letzten Endes doch das Bessere erwählt. Das gilt auch für die kirchlich Engagierten, die Leute von der ersten Stunde, die sich für Glauben und Gemeinde einsetzen. Wir mühen uns ab, aber wir haben unseren Lohn in dem, was uns bewegt und antreibt. Wir haben eine Perspektive und dürfen wirken in der Nähe Gottes. Ich glaube, dass wir die Menge derer, die scheinbar unbekümmert ihr Leben leben, nicht darum beneiden müssen. Natürlich, wenn ich nur auf den Lohn schaue: Ein Denar ist ein Denar. Aber die einen spüren ihn schon den ganzen Tag in der Hand. Warum also neidisch sein auf jene, die verloren auf dem Markt herumstehen? Bevor sie verlorengehen, werden sie von ihrem Herrn doch noch gefunden, Gott sei Dank. Und der Herr fragt den verärgerten Arbeiter: »Bist du neidisch?« Im griechischen Text heißt es wörtlich: »Ist dein Auge böse, weil ich gut bin?« Wie steht es mit meinem Auge, meinem Blick auf die anderen? Wenn ich lernen kann, mit dem Blick Jesu auf sie zu schauen, dann werde ich mich freuen über jeden, der es schafft. Dann werde ich vielleicht sogar weniger klagen über die eigene Mühe und werde ein froher Arbeiter.

Gott ist gerecht, aber seine Barmherzigkeit ist viel größer als seine Gerechtigkeit. Deshalb möchte auch ich mit Jesu Augen auf die anderen blicken. Es ist unerwachsen und kindisch, sich ständig mit anderen zu vergleichen, sich über andere zu beschweren. Bei Gott gibt es kein Pochen auf Leistung und Lohn.

Deshalb möchte auch ich mit großer Gelassenheit glauben, mit großer Aufmerksamkeit lieben und alles andere Gott überlassen: immer in der Nähe des Herrn, von der ersten bis zur letzten Stunde mit Vertrauen im Herzen und dem Ziel vor Augen.

Das endzeitliche Weltgericht (Mt 25,31–46) findet sich in Stein gemeißelt an den Portalen vieler alter Kathedralen. Da sitzt Jesus in der Mitte und teilt die Menschen ein in Gute und Böse. Auf der einen Seite die Schafe, auf der anderen die Böcke. Die einen erhalten ihren Lohn, die anderen haben das Nachsehen. Da kriegt man es doch mit der Angst zu tun, oder? Ob meine Lebensleistung wohl ausreicht, um schlussendlich zu den Guten zu gehören? Ob ich es bis in den Himmel schaffen werde? Andererseits: Eine Mahnung, das Leben ernst zu nehmen, ist es allemal.

Im Hintergrund steht die Rede vom Weltgericht aus dem Matthäusevangelium. Jesus Christus, der Richter, teilt ein und aus. Zu den Gerechten sagt er: »Ich war hungrig und ihr habt mir zu essen gegeben; ich war durstig und ihr habt mir zu trinken gegeben; ich war fremd und ihr habt mich aufgenommen; ich war nackt und ihr habt mir Kleidung gegeben; ich war krank und ihr habt mich besucht; ich war im Gefängnis und ihr seid zu mir gekommen.« Anders die Verdammten, sie bekommen zu hören: »Ich war hungrig und ihr habt mir nichts zu essen gegeben; ich war durstig und ihr habt mir nichts zu trinken gegeben; ich war fremd und ihr habt mich nicht aufgenommen; ich war nackt und ihr habt mir keine Kleidung gegeben; ich war krank und im Gefängnis und ihr habt mich nicht besucht.«

Werden wir also nur nach unseren Taten gerichtet? Was ist dann mit der Erlösung? Ich glaube: Gott liebt mich nicht, weil *ich* gut bin, sondern weil *er* gut ist. Ich muss mir mein Seelenheil nicht verdienen, es ist mir bereits geschenkt. Dafür stehen der Tod und die Auferstehung Jesu Christi. Und seine Botschaft von der Liebe Gottes. Man kann die Rede vom Weltgericht also auch falsch verstehen, nämlich als Drohbotschaft. Und als solche wurde sie wohl über viele Jahrhunderte gebraucht und auch missbraucht. Religiöse Hardliner verbreiten gerne Angst, um sich selbst ins rechte Licht zu rücken und andere kleinzumachen. Für mich liegt die Pointe ganz woanders.

Die Pointe liegt in der Antwort der Gerechten. Sie fragen: »Herr, wann haben wir dich hungrig gesehen und dir zu essen gegeben oder durstig und dir zu trinken gegeben? Und wann haben wir dich fremd gesehen und aufgenommen oder nackt und dir Kleidung gegeben? Und wann haben wir dich krank oder im Gefängnis gesehen und sind zu dir gekommen?« Das bedeutet: Sie haben gar nicht gewusst, dass sie das Gute für Jesus getan haben. Sie haben einfach um der Menschen willen gehandelt. Sie wollten gar keine Pluspunkte bei Gott ansammeln, um diese später ausgezahlt zu bekommen. Vielmehr haben sie absichtslos geliebt. Die absichtslose Liebe, die nicht berechnet, sondern sich verschenkt, die ist für mich der Sinn. Erst nach ihrer verwunderten Frage erhalten die Gerechten die Lösung. Jesus sagt: »Was ihr für einen meiner geringsten (Schwestern und) Brüder getan habt, das habt ihr mir getan.« Erst jetzt erfahren die Gerechten: In den notleidenden Menschen ist ihnen Jesus Christus selbst begegnet. Absichtslose Liebe, die nicht für sich selbst rechnet, sondern die sich selbst verschenkt, darum geht es, nicht um Himmel oder Hölle. Es geht um Liebe, nicht um Angst.

Besonders eindrücklich sind die Reifungs- und Entwicklungsprozesse in den Ostererzählungen der Evangelien: Die aus Enttäuschung weggelaufenen Emmausjünger erfahren, dass Jesus ihnen geradezu nachläuft, um neue Perspektiven zu eröffnen. Dabei lernen sie, dass Gott anders ist als ihre bisherigen Vorstellungen von ihm (Lk 24,13–35). Maria Magdalena begreift, dass sie Jesus nicht festhalten, sondern nur verkündigen kann, und dass die Liebe bleibt, während die äußere Gestalt vergeht; sie muss ihre Wünsche aufgeben und zur Hoffnung hin reifen (Joh 20,11–18). Der ungläubige Thomas schließlich ist eigentlich ein fragender Thomas, denn er ist nicht zufrieden mit dem, was die anderen Jünger sagen. Er fragt nach, er will es genau wissen. Als Jesus vor ihm steht, berührt er ihn nicht, sondern bekennt: Mein Herr und mein Gott! Der Apostel mit den größten Zweifeln ist derjenige mit dem klarsten Bekenntnis. Ein wirklich erwachsener Mann, der seinen Zweifeln und seinem Glauben klar und bewusst nachgeht, ehrlich und konsequent (Joh 20,24–29).

Meine Lieblingsostergeschichte steht im Johannesevangelium, Kapitel 21. Eine Geschichte wie im Nebel ist das, voller Symbole und Sinnbilder, die sich erst langsam erschließen. Sicher ist der Text wie alle anderen auch kein Jesus-Protokoll, sondern eine Oster-Theologie. Jesus ist auferstanden, aber Petrus und seine Apostelkollegen gehen wieder fischen. Zuerst habe ich gedacht: Haben seine Jünger nichts Besseres zu tun, als ihrem Erstberuf nachzugehen? Dann aber ist mir aufgegangen: Wenn ich um meine Berufung ringe, dann gehe ich an den Ort zurück, wo alles begonnen hat. Das ist wie beim Liebeskummer: Die Jünger gehen zurück an den Ort ihrer Berufung, ihre Sehnsucht nach Jesus treibt sie dorthin. »Aber in dieser Nacht fingen sie nichts«, ist ein Wort voller symbolischer Tiefe. Jeder Fischer weiß von Berufs wegen, dass man die Netze nachts auswerfen muss. Aber nun hat der Ostermorgen die ganze Welt verändert, im Dunkel des Todes ist kein Fang mehr zu machen. Ohne die Hoffnung von Ostern bleiben unsere Lebens-Netze leer. »Als es schon Morgen wurde, stand Jesus am Ufer.« Der Morgen und das Ufer stehen für den Anbruch des neuen Lebens jenseits von Zeit und Raum. »Werft das Netz auf der rechten Seite aus« bedeutet: Macht es so wie ich, verlasst euch nicht nur auf euch selbst! »Es ist der Herr!«, sagt Johannes, der Lieblingsjünger. Die Liebe verwandelt alles, an der Liebe erkennt Johannes seinen Herrn. Woraufhin Petrus sein Obergewand anzieht und in den See springt. Das ist seltsam, denn mit angelegten Klamotten kann man nicht schwimmen. Die Reaktion des Petrus erinnert an die Symbolgestalten Adam und Eva. Als sie gegen Gottes Gebot verstoßen, merken sie, dass sie nackt sind, und verstecken sich hinterm Feigenblatt; Petrus legt sein Gewand an, weil er verleugnet hat. Seit Ostern aber sind alle Sünden vergeben.

Das Netz »war mit hundertdreiundfünfzig großen Fischen gefüllt«. Was bedeutet diese Zahl? Es gibt mehrere Deutungsmöglichkeiten. Interessant ist folgende Zahlensymbolik: Die Zahl des Alten Testaments ist die Zehn, denken wir etwa an die Zehn Gebote. Die Zahl des Neuen Testaments ist die Sieben, weil in ihr Gott (drei) und Welt (vier) zusammenkommen. Zehn plus sieben ist siebzehn. Addiert man nacheinander alle Zahlen von eins bis siebzehn, so ergibt das hundertdreiundfünfzig. Und der Sinn? Mit dem auferstandenen Jesus haben wir den »Fang« unseres Lebens gemacht. Noch besser finde ich folgendes Zahlenspiel: Die Zwölf steht sowohl für das Volk Israel (Söhne Jakobs) als auch für die Kirche (Apostel). Die Drei steht für Gott. Zwölf mal zwölf ist hundertvierundvierzig, drei mal drei ist neun. Hundertvierundvierzig plus neun ist hundertdreiundfünfzig. Wo Gott und Mensch zusammenwirken, da ist die Fülle des Lebens. »Und obwohl es so viele waren, zerriss das Netz nicht.« Das Netz steht für die Gemeinde des Auferstandenen. Dieses Netz zerreißt nicht, so voll es auch sein mag. Weil Jesus unter uns ist, können wir halten, was er verspricht. »Kommt her und esst!«, sagt er. Die Jünger kommen mit ihrem Fischfang nach Hause, aber das Abendessen ist schon fertig. Jesus speist uns nicht mit dem ab, was wir selbst erarbeitet haben, vielmehr lädt er ein. Sein Erkennungszeichen, das österliche Mahl, ist und bleibt für immer sein Geschenk.

Und dann dieser Dialog! Dreimal fragt der auferstandene Jesus seinen Apostel Simon Petrus: »Liebst du mich?« Man könnte darin einen bitteren Vorwurf sehen. Denn Petrus hatte Jesus dreimal verleugnet. Kommt jetzt die Retourkutsche? Will Jesus seinem Petrus die Leviten lesen, ihn vielleicht sogar beschämen? Das glaube ich nicht. Vielmehr glaube ich, dass Jesus geduldig wartet auf die freie Antwort der Liebe. Eine Liebe, die alles Krumme wieder gerade macht. Unsere Liebe ist ja immer nur eine Antwort auf Gottes Liebe. Er hat uns zuerst geliebt, hat seinen Sohn für uns gegeben. Und jetzt sind wir dran, denn

Liebe ruft Liebe hervor. Dabei überfordert Jesus uns nicht. Zweimal fragt Jesus: »Liebst du mich mit ganzer Hingabe?«, griechisch: »agapás me«. Jesus spürt, dass diese Agape-Liebe seinen Petrus noch überfordert. Aber er lässt nicht locker. Beim dritten Mal fragt er ihn: »Liebst du mich wie ein Freund?«, griechisch: »philéis me«. Nun kann Petrus von ganzem Herzen antworten. Jesus fordert ihn heraus, aber er überfordert ihn nicht. Wo es mit der Hingabe noch nicht so klappt, da bietet er Freundschaft an.

Eine sehr tiefe und symbolreiche Ostergeschichte! Jesus ist auferstanden, sein Ruf ergeht an alle, die Netze reißen nicht. Bei ihm ist die Fülle des Lebens. Er nimmt uns an, wie wir sind, auch mit unserer Schuld. Wenn wir auf sein Wort hin handeln, gelingt das Leben, dann haben wir unseren großen Fang gemacht. Jesus erwartet uns an neuen Ufern, wenn der Morgen der Ewigkeit angebrochen sein wird, auch wenn unsere Netze und Herzen und Hände dann leer sein sollten. Der Alltag wird nach wie vor eine mühsame Arbeit für uns sein; wir sind jedoch nicht zum Erfolg verdammt, sondern zum Leben befreit.

Soweit die biblischen Beispiele. »Man kann die Bibel entweder wörtlich nehmen oder ernst«, so hatte ich Pinchas Lapide bereits zitiert. Kinder nehmen die Bibel noch wortwörtlich, und das ist gut so, es entspricht ihrem Entwicklungsgrad und ihrer Phantasie. Erwachsene jedoch nehmen sie ernst. Entsprechend verliert bei Erwachsenen, die sich religiös nicht entwickeln konnten, die Bibel oftmals ihre zauberhafte Plausibilität, sobald sie mit den Erkenntnissen der modernen Exegese konfrontiert werden. Wer im Glauben gereift ist, wird sich nicht mehr am

Buchstaben festhalten, sondern akzeptieren, dass die Bibel subjektive Erfahrungen enthält, die durch die Gemeinschaft der Glaubenden intersubjektiv geworden sind und durch deren Tradition Gewicht bekommen haben. Noch einmal: Subjektive Erfahrungen werden durch Teilen intersubjektiv und bekommen erst durch die Tradition ihr eigentliches Gewicht!

Insofern kann man sagen, dass Kreationisten, Fundamentalisten und alle, die jede Hermeneutik ablehnen, im Glauben Kinder – Zwerge – geblieben sind. Esoterik und Wellnessreligion sowie der grassierende Engelglaube sind wohl Regressionen in den frühkindlichen Narzissmus.

Was den Kinder- vom Erwachsenenglauben unterscheidet

»Wenn ihr nicht werdet wie die Kinder, kommt ihr nicht in das Reich Gottes« (Mt 18,1–5): Wenn Jesus seine Jünger dazu einlädt, ihr Gottvertrauen am Kind zu orientieren, so meint er damit ganz sicher keinen kindisch-naiven, sondern einen kindlich-vertrauenden Glauben.

Beten und Bitten

Beides lässt sich sehr leicht voneinander unterscheiden, und zwar am ehesten an der Art und Weise, wie wir beten und bitten. Hier zeigt sich, ob wir magisch oder mystisch unterwegs sind, ob wir mit unserem Beten Gott verändern oder uns von ihm verändern lassen wollen, ob wir ihn zum Lückenbüßer und Wünsche-Erfüller machen oder wirklich Gott sein lassen.

Ein Kind bittet: »Lieber Gott, mach, dass morgen schönes Wetter wird.« Ein Erwachsener würde wohl nicht darum bitten, dass Gott die Naturgesetze außer Kraft setzt, um angenehmes Ausflugswetter herbeizuzaubern. Viel eher würde er um eine innere Haltung, um Aufmerksamkeit bitten. Ein Kind bittet: »Mach, dass Oma wieder gesund wird.« Und dabei liegt die Großmutter schon im Sterben. Ein Erwachsener würde wohl sagen: »Gott, gib uns Geduld und Kraft, dass wir diese schwere

Zeit gemeinsam bestehen.« Wenn die polnischen Bischöfe 2020 dazu aufgerufen haben, Gott um Regen zu bitten, und wenn Papst Franziskus im selben Jahr einen »Gebetssturm« gegen das Corona-Virus ausgerufen hat, so mag dies pastoral motiviert gewesen sein, um gegen die Angst nicht untätig zu bleiben; letzten Endes bleibt es magisch und naiv, es behindert die Glaubensentwicklung der ihnen anvertrauten Menschen.

Eine besondere Nagelprobe des Gebets sind die Fürbitten. Es ist besser, in den Fürbitten nur das Anliegen zu benennen, die Intention, nicht aber, was Gott konkret damit tun soll, denn damit würden wir ihn um ein Wunder bitten und ihm Benehmen vorschreiben. Die Enttäuschung wäre vorprogrammiert, denn Gott *funktioniert* nicht. »Gib den Hungernden Brot« ist meines Erachtens sogar eine Blasphemie, denn es ist genug Nahrung für alle da, es ist ein Verteilungsproblem. Wir können den Egoismus der reichen Länder nicht auch noch Gott in die Schuhe schieben.

Im Kinderglauben ist das Gebet eine magische Beschwörung, durch die man Gott herbeirufen will. Im Erwachsenenglauben ist Gott der Ewige und Heilige, der unverfügbar bleibt, jedoch mit all seiner Liebe am Menschen interessiert ist. Für den Erwachsenen ist das Gebet wie jede andere Art der Kommunikation einfach nur Beziehungspflege. In der Magie soll Gott das tun, was der Mensch will; im Glauben darf der Mensch danach fragen, was Gott will, und es mit seiner Hilfe dann auch tun. Beten verändert weder Gott noch die Welt, sondern es verändert den Betenden. Der erwachsene Christ betet nicht, weil er glaubt, sondern glaubt, weil er betet. Für ihn ist das

Beten eine verlässliche Beziehungspflege, die einen festen Ort und eine feste Zeit braucht. Stoßgebete und Bitten nach Lust und Laune sind demgegenüber eher Ausdruck einer naiv-magischen Religiosität, denn sie suggerieren, dass man Gott gebrauchen und nach Belieben herbeizaubern kann. Not lehrt in diesem Sinn nicht Beten, sondern allerhöchstens Betteln. Wer gar nicht mehr weiterweiß, bettelt beim Allerhöchsten und macht ihn damit zu einem Wünsche-Erfüller und Lückenbüßer, zum »Deus ex machina«.

Eine kleine spirituelle Entlastung sei an dieser Stelle dennoch angebracht: Fast alle Menschen fallen in großer Gefahr, bei tiefsitzender Angst und in schwerer Krankheit in archaische Verhaltensmuster zurück. Das beste Beispiel dafür sind die Psalmen, aber auch die Gebete in Kriegs- und Krisenzeiten. Von daher bin ich davon überzeugt, dass Gott jeden Hilfeschrei aus tiefster Not immer hört und versteht, sei er nun naiv und magisch oder aufgeklärt und mystisch. Wir können Gott in kindlichem Vertrauen alles sagen; er wird aber nicht alle unsere Wünsche erfüllen, sondern uns mit seiner Gegenwart und Liebe, mit seinem Heiligen Geist beschenken. Entscheidend wird sein, sich im Gebet bedingungslos Gott anzuvertrauen.

Es ist wie bei einem Kind, das zu Weihnachten einen langen Wunschzettel schreibt. All die vielen Wünsche sind detailgetreu aufgelistet. Die Eltern lesen den Zettel, aber weil sie sehr arm sind, sagen sie zu ihrem Kind: »Du weißt, dass wir dir deine Wünsche nicht erfüllen können. Aber wir sind doch immer bei dir und haben dich lieb. Ist das nicht viel mehr?« Und das Kind antwortet voller Einsicht und Freude: »Ja!« Der lange Wunschzettel ist ein Zeichen kindlichen Vertrauens. Doch das, was die Eltern geben können, ist viel mehr: Beziehung und Liebe. Gott hört alle unsere Wünsche gern, sie sind ein Zeichen kindlichen Vertrauens. Es wäre jedoch geradezu grausam, wenn Gott auf alle menschlichen Wünsche, die ihm entgegengebracht werden, mit genauer Erfüllung reagieren würde. Dann wäre er nur ein Automat und die Menschheit bald am Ende. Nein, Gott antwortet mit einer viel größeren Gabe: mit Liebe, Beziehung, mit seinem Heiligen Geist. Einen guten Freund um etwas zu bitten ist immer ein Zeichen von Beziehung. Die Freundschaft muss sehr tiefgehend sein, denn im Bitten mache ich mich vor ihm bedürftig und klein. Gott um etwas zu bitten bedeutet letztlich immer, Beziehung zu wünschen; es bedeutet vor allem: Bitten um den Heiligen Geist, um die Nähe Gottes in Person, um seine begeisternde und lebendigmachende Kraft, um seine schöpferisch-österliche Gegenwart in dieser Welt (Lk 11,13).

Diese aufgeklärte und anthropologisch-theologische Sicht des Gebets ist kein »subtiler neuer Gnostizismus«, wie der emeritierte Papst Joseph Ratzinger einmal behauptet hat. Seiner Meinung nach hätten dann Wunder keinen Platz mehr in der Welt, auch von Auferstehung als dem größten Eingreifen Gottes ins Weltgeschehen könne dann nur noch schwerlich die Rede sein. Wie so oft will er damit einerseits seinen platonischen Ideen-Gott philosophisch retten, andererseits seinen Kinderglauben nicht in Frage stellen; er beharrt auf Kontinuität; Entwicklung gibt es bei ihm nur intellektuell, nicht existenziell. Ratzinger verteidigt seine vormoderne Weltsicht, indem er die aufgeklärte Auffassung von Gebet in den Bereich des Beliebigen, der Psychohygiene und des Seelenhaushalts rückt. Ich meine: Gott wird nicht kleingemacht, wenn man annimmt, dass er nicht ins Weltgeschehen eingreift, sondern durch Menschen wirkt. Das zeigt die menschliche Erfahrung, alles andere würde auch spirituell frustrieren; die Frage nach dem Leid, die ohnehin nicht zu beantworten ist, würde unerträglich. Gott, der Schöpfer, hat in Jesus Christus gezeigt, dass er seine Welt nicht am Menschen vorbei gestalten will. Der postmoderne Mensch wird sich damit zufriedengeben müssen, von Gott transzendent zu denken und trotzdem zu beten wie zu einem – wenn auch sehr geheimnisvollen – Du.

Menschen, die sich selbst für besonders fromm halten, sehen im Gebet bisweilen eine Leistung, durch die sie bei Gott Sühne für was und wen auch immer erlangen können. Sie nehmen an Liturgiefeiern teil und glauben, schon dadurch Gott irgendwie dabei behilflich sein zu können, die Welt von ihren Sünden zu erlösen. Sie bringen Opfer dar, um Gott in ihrem Sinne zu beeinflussen. Liturgie wird dabei zur angeblich heilswirksamen persönlichen Anstrengung. Letztendlich dient das Ganze aber nur dazu, sich selbst ein religiöses Gefühl zu verschaffen, seine eigene Wichtigkeit zu steigern, sich selbst im Besitz einer numinosen Macht zu wähnen. Dieser Hang zum Numinosen geht meistens mit einem starken Klerikalismus einher; man macht seine religiöse Praxis an eher traditionalistischen, wenig gebildeten, dafür aber autoritären Guru-Klerikern fest und folgt deren obskuren Ansichten, die oftmals Verschwörungsmythen gleichen, aufs Wort. Das Ganze mag menschlich verständlich sein; man muss solche Menschen mit pastoraler

Sensibilität begleiten, und ein »chemisch reines« Christentum gibt es wohl nicht. Dennoch sind derartige Vorstellungen von Sühne und Opfer hochgradig unreif mit einem Hang zum Pathologischen. Vieler dieser Menschen sind nach innen äußerst ängstlich, geben sich aber nach außen konservativ; nicht wenige sind neurotisch veranlagt und bedürfen, da sie meistens zu den Therapieverweigerern gehören, wenigstens einer besonders sensiblen seelsorglichen Begleitung, die den Geist weit und das Herz gütig macht, ohne dabei den anderen dumm dastehen zu lassen.

Sakramente und Sakramentalien

Entsprechend kann man auch die Sakramente der Kirche als Heil- und Wundermittel magisch missverstehen oder sie als beziehungstiftende Realsymbole begreifen, die erinnernd vergegenwärtigen, was Gott uns längst geschenkt hat, was also bereits geschehen ist. Die Kirche feiert in diesem Sinn Liturgie, sie antwortet damit lediglich auf Gottes Offenbarung; ihre heiligen Zeichen sind menschliche Gebärden und keinesfalls Kult. Liturgie ist Feier, die Gottes Heilstaten gedenkt; Kult hingegen ist Opfer, das von Gott etwas haben, ja, erzwingen will. Wenn ich jedoch sehe, wie manche Bischöfe und Priester die Eucharistiefeier leiten, denke ich eher an Kult als an Liturgie, eher an Magie als an Mystik, eher an Schamanismus als an Repräsentation, eher an ein heiliges Schauspiel als an eine Gemeindeversammlung. Manche halten bei der Wandlung die eucharistischen Gaben besonders hoch, um sich selbst in ein besonderes Licht zu setzen; das sieht vielleicht fromm aus, befördert aber die Sakralisierung und damit Klerikalisierung des kirchlichen Amtes. Denn in Wirklichkeit sollen Brot und Wein nach den Einsetzungsworten der Gemeinde lediglich »gezeigt« werden. Das übertriebene Hochhalten (Elevation) stammt noch aus der vorkonziliaren Liturgie, in der »mit dem Rücken zum Volk« zelebriert wurde; Hostie und Kelche mussten deshalb bis über den Kopf des Priesters emporgehalten werden, um überhaupt für einen Augenblick sichtbar zu sein.

Andere Priester besprechen sogar während der Einsetzungsworte die eucharistischen Gaben; sie zischeln die Wandlungsworte aufs Brot und in den Kelch, was nicht Frömmigkeit offenbart, sondern wohl eher geheime numinose Machtgelüste oder gar Skrupel, nicht weit entfernt vom sprichwörtlich gewordenen Hokuspokus (von »hoc est enim corpus meum« = »Dies ist mein Leib«).

Ob der Heilige Geist in Wörtern oder gar Aerosolen steckt, ob er Brot und Wein quasi durch klerikale Tröpfcheninfektion verwandelt? Hier sind offenbar auch manche Hauptamtliche im Kinderglauben steckengeblieben, die sich selbst inszenieren, als hätten nur sie den einzig wahren Zugang zur Transzendenz und daher der Welt etwas zu geben, das sie ohne sie nicht hätte. Manchmal sehen sie auch einen besonderen Gehorsam darin, nur oberbehördlich genehmigte Gebete aus dem Messbuch exakt nachzusprechen, gelernte Formeln wiederzugeben, wobei sie tatsächlich oft in geschäftsmäßiges Herunterbeten oder gar Plappern verfallen, was dann noch als kirchenfromm und hierarchiegehorsam ausgegeben wird. In Wirklichkeit wird hier Gott kleingemacht, wird Liturgie zum Verwaltungsakt, oftmals spirituell entleert und für eine Gemeinde kaum auszuhalten, geschweige denn mitzufeiern im Sinn einer tätigen Teilnahme. Die heilige Messe ist die Feier der Lebenshingabe Jesu Christi, kein Opferkult. Sie ist Gemeindefeier, nicht klerikale Stellvertretung. Der sogenannte Opfercharakter der Messe ist nur metaphorisch im Hinblick auf diese eine Hingabe zu verstehen, alles andere wäre Magie. Brot und Wein werden verwandelt, damit Christus in uns sein, unser Herz erfüllen und durch uns die Welt verwandeln kann. Er hat sein Leben hingegeben, damit auch wir unser Leben verschenken.

Entsprechendes kann auch von anderen Sakramenten gesagt werden. So gehen die Erwartungen vieler Eltern bezüglich der Taufe ihrer Kinder häufig nicht in Richtung eines Initiationssakraments, durch das ein Kind Gottes Mitglied der Kirche wird, sondern eher in Richtung eines archaischen Geburtsrituals, eines Geburtssegens, der schädliche Einflüsse fernhalten soll. Letzten Endes feiert dann eine Familie sich selbst, sie kreist um das neue Leben, auf das sie stolz ist, um das neue Familienmitglied mitsamt den damit verbundenen Hoffnungen und Ängsten. Dafür braucht man eigentlich keine Kirche und keinen Jesus, ja, nicht einmal einen Glauben, sondern nur den aus archaischen Kulturen stammenden Gruppenegoismus von Familien und Clans. Es geht dabei um Gene, nicht um Gott! Dass viele Eltern Einzeltaufen wünschen, hat genau hier seinen Grund: Die eigentlich gewünschte Initiation geschieht in die Familie, nicht in die Kirche als Glaubensgemeinschaft.

Eltern von Kommunionkindern wehren sich häufig gegen jedes neue Konzept der Vorbereitung oder der Feier. Anfangs habe ich mich darüber gewundert, wie traditionell manche Menschen doch sind, obwohl sie ansonsten immer behaupten, die Kirche sei altbacken und reformresistent. Dann habe ich festgestellt: Die meisten Eltern wollen nicht pastorale Konzepte bedenken, theologisch dazulernen oder sich selbst im Glauben weiterentwickeln, sondern sie möchten mit ihren Kindern exakt die gleiche Erstkommunionfeier inszenieren, die sie erlebt haben, als sie selbst noch Kinder waren. Das bedeutet aber faktisch, dass sie seither im Glauben nicht gewachsen sind. Sie sind große Kinder mit der Sehnsucht nach einer wehmütigen Erinnerung an die eigene Vergangenheit. Da diese aber inhaltlich nicht mehr gefüllt werden kann, legen sie großen Wert auf das exakt inszenierte Ritual, auf den Einzug in die Kirche und die Kleider, auf die Möglichkeit zum Fotografieren. Erstkommunion wird zur leeren Hülse für Folklore.

Das Sakrament der Versöhnung wurde häufig nur als Vergebung moralischen Fehlverhaltens gesehen und praktiziert. Und dabei geht es nicht um das Ausbügeln von Fehlverhalten in Form von Sündenknittern in der Seele, sondern um die Zusage christlicher Identität, um Liebe und Freiheit. Die Firmung wird häufig als Sakrament des Erwachsenwerdens pädagogisch missverstanden; in Wirklichkeit ist sie die Vollendung der Taufe. Den meisten Firmanden ist beides gleichgültig, sie ertragen es einfach. Von weitem betrachtet erinnert mich die derzeitige Firmpraxis an naturreligiöse Initiationsriten alter Stammeskulturen, durch die man eben hindurchmuss, um weiterhin wenigstens formal dazuzugehören. Die Trauung gilt vielen als diffuser Segen, nicht als Sakrament, durch das die Brautleute zu Zeichen der Liebe Gottes und zum Bild der Liebe Christi werden. Die Krankensalbung schließlich gilt auch Jahrzehnte nach deren Reform vielen noch als Letzte Ölung, ohne die der Himmel scheinbar verschlossen bleibt; aus dem Gebet um Heil und Heilung wird eine rituelle Vorsichtsmaßnahme.

Bestimmte Sakramentalien schließlich werden immer noch nachgefragt, obwohl sie sehr leicht magisch missverstanden werden und dadurch einen erwachsenen Glauben behindern können. Was bedeutet ein Reisesegen, wer oder was kommt bei einer Fahrzeugsegnung in den Blick? Kann man es religionspädagogisch verantworten, im Kindergarten den Blasiussegen zu spenden? Meistens wird dies nur getan, weil das Zeichen leicht zu vollziehen ist, doch was bei Kindern und Eltern übrigbleibt, dürfte die Vorstellung von einem Schutzgott sein, dessen Hilfe einzig und allein von geweihten Amtsträgern und obskuren Ritualen mit seltsam überkreuzten Kerzen zu vermitteln ist. Rückt man den Fokus klugerweise auf den Segen statt auf die medizinische Hilfe, bleibt notwendigerweise vom heiligen Blasius nicht mehr viel übrig.

Junge Seelsorgerinnen und Seelsorger kommen in letzter Zeit vermehrt auf die Idee, auf archaische Bedürfnisse zu reagieren und einfach das anzubieten, was die Menschen scheinbar wollen. So kommt es in Fußgängerzonen zum »Aschekreuz to go«, zum »Segen by the way« oder sogar, wie während der Corona-Krise praktiziert, zur konsekrierten Hostie zum Mitnehmen, verpackt in einer kleinen Pappschachtel. Ich meine: Bei solchen magischen Anknüpfungspunkten ist schnell der Knoten durchgehauen, sobald man sich die Mühe macht, ein wenig Vernunft walten zu lassen. Es sind sicher gut gemeinte, aber wenig nachhaltige Experimente angesichts abgrundtiefer pastoraler Ratlosigkeit. Es sind Experimente am Rande des Ausverkaufs, des drohenden Identitätsverlusts. Seelsorge ist nicht nur Betreuung, sondern auch Bildung und Begleitung. Der klassische pastorale Dreischritt »ankommen – verkommen – umkommen« jedenfalls sollte nicht das Ende theologischen Denkens sein.

Religion versus Glauben

Für unser Thema kann die strenge Unterscheidung von Religion und Glaube hilfreich sein: »Religion ist Unglaube« (Karl Barth). Denn in der Religion versucht der Mensch, Gott zu gebrauchen, ihn mit kultischen Opfern zu füttern und zu bestechen, sich ihm durch Unterwerfung und Gesetzestreue anzudienen – ein plumper Handel um Wohlergehen und Glück. Religion ist demnach auf Nützlichkeit aus, und sie endet fast immer in der furchtbaren Angst, Gott nicht zu genügen und deshalb auf ewig zu scheitern. Wer im Kinderglauben steckenbleibt, wird aus einer solchen religiösen Angst niemals herausfinden; er wird vielmehr das, was er für Gott hält, alsbald loswerden wollen oder daran existenziell zugrundegehen. Im Glauben hingegen antwortet der Mensch in Freiheit auf die in Jesus Christus offenbarte Liebe Gottes.

»Wie komme ich zu Gott? Wie kann ich den Berg erklimmen, auf dem er thront?« Das ist die uralte Frage aller Religionen. Es geht darum, was ich tun muss, um Gott irgendwie dingfest, brauchbar und nützlich zu machen. Als Antwort bot sich den Menschen über Jahrtausende das Opfer an. Etwas Wichtiges wurde den Göttern geopfert, damit sie einem gnädig seien; man handelte mit ihnen: Menschenopfer gegen Weltgleichgewicht, Tieropfer gegen Sündenvergebung, Naturgaben gegen Fruchtbarkeit und reiche Ernten, Gebete und gute Taten gegen Gesundheit und Wohlergehen, neuerdings bestimmte Meditations- und Entspannungstechniken gegen Glücksgefühl und Ausgleich vom Stress, kurz: religiöse Leistung gegen persönlichen Profit. Ein Kapitalismus ist das, in dem der, der mehr geben kann, mehr herausbekommt und über denen steht, die nicht so reich an Opfern, Gebeten und guten Taten sind; eine Frömmigkeit, die sich in Glück und Segen auszahlt. Dieser Kapitalismus sitzt noch heute in vielen Seelen und verbreitet religiöse Angst und religiöse Arroganz zugleich, je nachdem, ob man zu »denen da unten« oder zu »denen da oben« gehört.

Und er hat verheerende Auswirkungen auf das Gottesbild: Ein Gott, mit dem man handeln muss, ist nicht wirklich Gott; er ist nicht liebend und frei, sondern ein von Menschen abhängiger Buchhalter von Opfern und Taten, ein mickriger Glücksautomat für menschliche Wünsche und Bedürfnisse, ein alberner Hanswurst, der nicht agieren, sondern nur reagieren kann, und vor dem man ständig Angst haben muss, nicht genug an Frömmigkeit und guten Taten eingezahlt zu haben.

Wie ich zu Gott komme, ist für das Christentum keine Frage mehr, denn in Christus ist Gott zu mir gekommen. Ich muss den »Berg« nicht mehr erklimmen, auf dem er thront, weil er in der Menschwerdung Jesu Christi selbst heruntergekommen ist, um mich in Liebe anzunehmen und zu erlösen. Der Berg der Religion: Gott selbst hat den Abstieg gewagt in der Menschwerdung seines Sohnes, und in seinem Tod und seiner Auferstehung ist dieser Berg endgültig gesprengt worden, ein für alle Mal. Ich muss den Vorhang, der das Geheimnis Gottes verhüllt, nicht mehr durch eigenes Wissen und Tun zu lüften versuchen, weil er längst heruntergerissen ist durch Gottes Selbstoffenbarung in Jesus Christus. Ich muss ihm nichts opfern, nichts schenken; meine Gebete und guten Taten sind keine Bedingung für seine Liebe, sondern ich selbst bin eine Antwort darauf: Ich gebe dann nicht »etwas«, um »etwas anderes« herauszubekommen; sondern ich empfange Jesus Christus, um mich selbst zu geben. »Der Glaube kommt vom Hören«, sagt der Apostel Paulus (Röm 10,17); Glauben hat also mit Empfangen und Weitergeben, nicht mit Produzieren und Belohnen zu tun. Für religiösen Kapitalismus und Leistungsdruck ist im Christentum kein Platz mehr, weil wir alle in Christus als Kinder Gottes, als Schwestern und Brüder bedingungslos und leistungsfrei angenommen sind. Das bedeutet nicht, untätig zu sein: Der Anspruch der Liebe ist immer größer als der Handel mit dem, was sich bezahlt macht; die Liebe bringt stets Größeres hervor als Berechnung, Schuldigkeit und Pflicht.

Glauben ist Empfangen

Der religiöse Mensch
sucht unablässig das Göttliche
und findet doch nur
eine Projektion menschlicher Wünsche.
Der gläubige Christ
lässt sich von Gott finden
und begegnet in Christus
seinem menschennahen Vater.

Der Religiöse redet unablässig
und handelt ängstlich mit Gott;
der Gläubige hört den Vater Jesu sprechen
und handelt in seinem Namen.

Der eine opfert, der andere gibt sich hin.
Der eine strengt sich an, der andere liebt.
Der eine ist ein Sklave, der andere ist frei.
Die Liebe tut stets das Größere.

Erlösung bedeutet dann: Nicht der Mensch macht sich auf zu Gott, sondern Gott macht sich auf zum Menschen, um ihn aus lauter Liebe vom Zwang der Selbsterlösung zu befreien. Insofern kann man sagen, dass Jesus das Ende der Religion ist. Kindlich gebliebene Erwachsene empfinden in diesem Sinne religiös, im Glauben gereifte Erwachsene ahnen etwas von der Freiheit der Kinder Gottes, von Erlösung und Gnade; sie wagen ihr Leben, sie setzen es ein und verschenken es, weil sie keine Angst mehr haben, es zu verlieren.

Engel und Schutzengel

Ein weiteres Beispiel, an dem Kinder- und Erwachsenenglauben sehr deutlich voneinander zu unterscheiden sind, ist der Glaube an die Engel bzw. an einen persönlichen Schutzengel. Auf diesem Gebiet gibt es zahlreiche Publikationen, die esoterische und biblische Vorstellungen so miteinander zu versöhnen versuchen, dass dabei für die leichtgläubigen Käufer ein schönes Gefühl und für die Produzenten etwas fürs Portemonnaie herausspringt. Ich kenne erwachsene Christen, die mit dem Engelglauben eine wehmütige Erinnerung an vermeintlich heile Kinderwelten konservieren möchten und deshalb jede Infragestellung ablehnen.

Mancher hatte schon einmal einen guten Schutzengel. Zum Beispiel, wenn er beinahe von der Leiter gefallen wäre und doch noch Glück gehabt hat. Das sind Menschen, die mit dem Auto niemals schneller fahren, als ihr Schutzengel fliegen kann. Manche haben vielleicht einen kleinen Bronzeengel in der Tasche, einen Handschmeichler, und fühlen sich dadurch irgendwie beschützt. Die Schutzengel, so scheint mir manchmal, sind den Menschen wichtig, obwohl sie in der Theologie keine Rolle spielen, geschweige denn im Glaubensbekenntnis. Ließe man bei Tauffeiern den Gestaltungswünschen mancher Familien freien Lauf, so bekäme man den Eindruck, die Taufe sei die Aufnahme in einen Schutzengelverein. Wenn wie so oft vergessen wird, dass wir von Gott nur in Bildern sprechen können, fangen die Bilder an, sich zu verselbstständigen, bis wir sie für eigenständige Wesen halten.

Was kann man also von den Engeln vernünftigerweise sagen? Was soll man davon halten – nicht naiv und magisch, sondern aufgeklärt und mystisch? Die Bibel spricht an vielen Stellen von Engeln, auch von Schutzengeln. »Denn er befiehlt seinen Engeln, dich zu behüten auf allen deinen Wegen, ... damit dein Fuß nicht an einen Stein stößt« (Ps 91,11). Besser bekannt ist die Übertragung des Psalms in dem Lied »Wer unterm Schutz des Höchsten steht«: »Denn seinen Engeln Gott befahl / zu hüten seine Wege all / dass nicht dein Fuß an einen Stein / anstoße und verletzt mög sein.«

Um theologisch zu erklären, was man von den Schutzengeln sagen kann, muss man die Gesamtheit der Engel in den Blick nehmen. Oder genauer gesagt, die Gesamtheit der menschlichen Vorstellungen von den Engeln. Da sind die Erzengel Michael, Gabriel und Raphael. Michael bedeutet wörtlich übersetzt: »Wer ist wie Gott?« Er steht dafür, dass Gott heilig ist. Er ist über uns, er ist im Himmel, erhaben über alle Welt. Der Erzengel Michael tritt dort auf die biblische Bühne, wo es darum geht, das Gottsein Gottes zu verteidigen. Gabriel heißt: »Gottesmann«. Er steht dafür, dass Gott mitten unter uns ist, auf der Erde. Er kommt auf uns zu und spricht uns an. Nicht umsonst ist Gabriel der Engel, der Maria die Botschaft bringt, dass sie die Mutter des Messias werden soll. Davon erzählt in der Bibel das Lukasevangelium. Raphael bedeutet: »Gott heilt«. Der Erzengel Raphael steht dafür, dass Gott in uns ist; er geht unsere Wege mit, beschützt und begleitet uns. Er ist im Himmel und auf Erden, er ist dort am Werk, wo die Menschen sind. In der Bibel ist Raphael der Engel, der Tobias auf seinem Weg begleitet. Diese drei Erzengel sind sozusagen die Chefs ganzer Engelchöre. Jeder von ihnen hat bestimmte himmlische Unterabteilungen. Zu Michael gehören die Cherubim und die Seraphim. Das sind im Alten Testament die Engel, die die Bundeslade und den Altar umgeben, sie kommen in vielen feierlichen Kirchenliedern vor. Zu Gabriel gehören alle Botenengel, also die Engel, die den Menschen etwas im Namen Gottes verkünden. Zu Raphael schließlich gehören die Schutzengel, die uns behüten und begleiten.

Aber all das sind menschliche Vorstellungen, es sind Bilder. Wir können ja von Gott nur in menschlichen Bildern reden, und zu diesen menschlichen Bildern gehören eben auch die Engel. Niemand weiß, ob es Engel gibt. Aber die Vorstellung, dass Gott von Engeln umgeben ist, die uns irgendwie zur Seite stehen, allein diese Vorstellung tut manchen Menschen offenbar gut. Wenn es Engel gibt, dann sehen sie nicht aus wie Männer mit weißen Flügeln, geschweige denn wie die Gipsputten in Barockkirchen und neuerdings massenhaft auf Gräbern. Oder wie der ganze Deko-Ramsch, die Billig-Engel auf tausendundeiner Fensterbank. Wenn es sie gibt, dann sind sie keine billigen Seelentröster und keine sentimentale Dekoration.

Sind die Engel nun Wirklichkeit oder Mythos, Religion oder Kitsch? Engel sind Bilder des Wesens Gottes. Sie zeigen seine unbedingte Transzendenz und Allmacht, seine Nähe und Botschaft, seine Wegbegleitung und seine Schönheit. Das ist, in einem Satz zusammengefasst, die Bedeutung von Michael, Gabriel und Raphael mitsamt den Cherubim und Seraphim, den Boten- und den Schutzengeln. Letztlich stehen die Engel damit symbolisch für das Wesen Gottes selbst, für Vater, Sohn und Heiligen Geist. Michael sagt, dass Gott heilig ist, und steht symbolisch für das Wirken von Gott-Vater. Gabriel geht auf die Menschen zu, bringt eine Botschaft, und steht symbolisch für das Wirken Jesu Christi. Raphael ist, gemeinsam mit den Schutzengeln, ein Wegbegleiter, und steht symbolisch für das Wirken des Heiligen Geistes. Die Engel sind damit ein Bild für das Wirken des dreifaltigen Gottes, für seine Heiligkeit, seine Botschaft und sein Weggeleit, für seine Lebendigkeit und Liebe.

Wenn heute viel von Engeln die Rede ist, dann handelt es sich oft um Esoterik. Der Unterschied zwischen Glaube und Esoterik ist ähnlich dem beschriebenen zwischen Glaube und Religion oder Mystik und Magie: Der Glaube motiviert mich, zu tun, was Gott will; in der Esoterik geht es darum, dass übersinnliche Mächte tun sollen, was ich will. Die Esoterik bedient sich heutzutage der Engel, insbesondere der Schutzengel. Manche meinen, sie könnten den Namen ihres persönlichen Schutzengels herausfinden, und ihn dazu bewegen, all das zu machen, was sie wollen. Der esoterische Engelglaube ist meistens eine egoistische Umdeutung religiöser Vorstellungen. Engel sind aber ohne Gott nicht zu denken; sie sind personifizierte »Aktionen« Gottes. Die Schutzengel sind damit wo etwas wie Miniaturen der schützenden Liebe Gottes. Sie sind eine vorsichtige Rede von Gott: So wie fromme Juden den Gottesnamen JHWH nicht aussprechen, sondern Adonai sagen, so reden manche Christen, wenn sie das Wirken Gottes meinen, nicht direkt von ihm, dem HERRN, sondern von seinen Engeln.

Im Alten Testament hat man sich den Himmel häufig wie eine riesige heilige Versammlung vorgestellt, wie einen göttlichen Hofstaat; dies entspricht dem altorientalischen Weltbild (vgl. das Dreimalheilig in Jes 6,3). Im Neuen Testament ist Jesus Christus selbst der eigentliche Himmelsbote, demgegenüber die Engel keine große Bedeutung mehr haben. Deshalb gehören die Engel nicht ins Glaubensbekenntnis; sie sind Bilder menschlicher Erfahrungen, die uns helfen können, an das Geheimnis des dreifaltigen Gottes zu glauben, der Liebe ist und Erlösung schenkt.

Gibt es sie nun, die Schutzengel, oder nicht? Das muss jeder selbst entscheiden. Für mich sind sie Bilder, menschliche Vorstellungen der schützenden Liebe Gottes. Wer darin mehr sehen möchte, etwa geistige Wesen im Himmel – bitteschön. Und wem dafür die Phantasie fehlen sollte – auch kein Problem. So wichtig sind die Engel nun auch wieder nicht. Jesus Christus ist und bleibt die Mitte; erst wer ihn durch andere Vorstellungen ersetzt, wird diese Mitte aus dem Blick verlieren. Aus meiner seelsorglichen Praxis weiß ich, dass Menschen, denen die Engel sehr wichtig sind, häufig numinose Gottesbilder haben, mit Jesus und der Bibel nur wenig anfangen können und im Ganzen sehr bildungs- und erlösungsresistent sind, also eher unerwachsen.

Teufel und Dämonen

Haben Sie schon einmal Dämonen ausgetrieben? Einen Besessenen befreit? Ich schon. Und ich glaube, Sie können das auch. Teufel und Dämonen: Ist das überhaupt noch ein Thema? Europa ist durch die Aufklärung gegangen, und mit ihm das Christentum, Gott sei Dank. Was früher vielen Menschen Angst machte, gilt heute als Metapher, als Sinnbild für das Böse. Heute weiß man viel über psychische Krankheiten, wo man früher böse Geister wähnte. Auch Jesus hat Dämonen ausgetrieben und Besessene geheilt. Ob auch sie psychisch krank waren? Ganz sicher hat er ihnen neuen Lebenssinn gegeben. Jesus wollte kein Exorzist sein und keine Show abziehen, ihm ging es um das Reich Gottes. Wenn er heilte, dann war das ein Zeichen für Gottes Gegenwart und Liebe. »Daimonía« heißt übersetzt: Kraft. Welchen Kräften bin ich ausgesetzt? Wer hat mich im Griff? *Besessen* ist die passive Form von *besitzen:* Lebe ich wirklich oder werde ich nur gelebt? Letzten Endes geht es also um meine Freiheit, um meine Verantwortung für mich selbst. Dazu hat Jesus die Menschen befreit, dazu hat er ihnen Mut gemacht. Von Besessenheit befreien heißt deshalb für mich: Jemandem helfen, wieder aktiv zu werden, selbstbewusst und nicht fremdbestimmt. Damit habe ich gute Erfahrungen gemacht, und ich glaube, das kann jeder. Mir hilft dabei mein Vertrauen auf Jesus Christus: Er hat mich erlöst, und das schenkt mir eine ganz große Gelassenheit, Rückgrat und innere Freiheit.

Ich kenne Menschen, die waren völlig von Angst besetzt: Heidenangst. Sich annehmen, zu sich selber stehen, wieder vertrauen können – dabei durfte ich ihnen helfen. Andere waren wie besessen von ihrem Besitz, gingen vorm Auto in die Knie, lebten nur noch fürs Konto. Und hatten am Ende überhaupt keine Zeit mehr, weil sie ihren Besitz ja benutzen mussten, um ihn zu rechtfertigen. Wer jedoch seine Prioritäten richtig setzt, ist wieder im Vollbesitz seiner Kräfte. Ich kenne Menschen, die waren total besessen: Von einem Chef, der sie zum schleimigen Schmeichler machte; von einem Modetrend, für den sie sich krankgehungert haben; von einer Geliebten, die einen zweiten Frühling versprach. Oder auch von ihrem Terminkalender, von Karriere, Gewohnheit oder Sucht. Irgendwann hat ihnen jemand Mut gemacht, sich von verkehrten Bindungen zu befreien und ihr Leben wieder selbst in die Hand zu nehmen.

Ich glaube, dass Gott mir mein Leben geschenkt hat, dass er mich annimmt und liebt. Und ich vertraue ihm. Das geht nur, wenn ich frei bin und verantwortlich handeln kann. Wer besessen ist, schreit im Grunde nach Zuwendung; wer aber Liebe erfährt, wird frei. Wer sein Leben hat, kann es hergeben; nur wer es besitzt, kann es verschenken.

Und der Teufel? Für mache Christen ist die Existenz eines personalen Bösen unabdingbar. Sie meinen, Gott brauche einen Gegenspieler, denn das Leben sei ein ständiger Kampf zwischen

Gut und Böse. Solchen Menschen gegenüber betone ich immer wieder, dass wir nicht an den Teufel glauben, sondern ihm widersagen; der oder das Böse gehört nicht ins Glaubensbekenntnis, denn er oder es ist längst überwunden. Papst Franziskus spricht für mein Empfinden zu oft vom Teufel, was pastoral gut gemeint sein mag, weil es leicht verständlich ist und möglicherweise zum Guten motivieren kann; es kommt jedoch etwas kantig und derb herüber und ist äußerst missverständlich. Über den Teufel redet man ansonsten nicht gern, und das hat seinen Grund. Die einen malen ihn buchstäblich überall an die Wand. Und verteufeln geradezu alles, was ihnen nicht in den Kram passt. Die anderen sind froh, dass ihnen heute niemand mehr die Hölle heißmacht. Damit gehört der Teufel in die Mottenkammer der Mythologie: Klappe zu, Teufel tot?

So einfach ist das nicht. Denn meistens dient der Teufel nur dazu, vor der eigenen Verantwortung zu fliehen, wenn keine andere Ausrede mehr greift. Schon Eva schiebt im Paradies die Schuld auf die Schlange (Gen 3,12–13). Wer keinen Menschen mehr findet, auf den er seine Schuld abschieben kann, der gibt eben dem Teufel die Schuld, dem Bösen an sich. Und kann sich dann guten Gewissens selber leidtun. Er ist ja nur in Versuchung geführt worden und kann gar nichts dafür, sozusagen ein armes Opfer böser Mächte. Von wegen Freiheit und Entscheidung! Im schlimmsten Fall, wie etwa beim Thema Missbrauch, werden Täter zu Opfern und Opfer zu Tätern gemacht, und das ist dann tatsächlich teuflisch, diabolisch: Es wirft alles durcheinander. Der Teufel ist eine Metapher, ein Bild dafür, dass Menschen ihre Verantwortung loswerden wollen, wenn sie schuldig geworden sind, dazu aber nicht stehen können, sondern sich vor anderen, vor Gott und vor sich selbst meinen verstecken zu müssen. Reife Menschen übernehmen Verantwortung für sich selbst und können deshalb auf so jemanden oder etwas wie den Teufel als Person und Bild getrost verzichten.

Himmel oder Hölle

Das einseitige Verlangen nach dem Lohn des Himmels kann einen Menschen sehr jenseitig machen; er vergisst dabei seine Berufung im Diesseits, sein Glaube bleibt egozentrisch auf das eigene Seelenheil bezogen. Die Angst vor der Hölle ist immer Zeichen eines unreifen Glaubens, denn Angst ist im Gegensatz zur Liebe keine heilsame Motivation, sie macht vielmehr klein und krank. Mit der Höllenangst aber sind viele Christen aufgewachsen; manche geben sie auch heute noch unreflektiert weiter, und manche Kleriker mit meist mäßiger Bildung bei gleichzeitig großem Bedürfnis nach geistlicher Macht nutzen und vermehren diese Höllenangst, um andere gefügig und sich selbst wichtig zu machen. Höllenprediger heizen ihrer Gemeinde ein und ihren Narzissmus auf.

Nichts ist so sicher wie der Tod, er kostet einen das Leben. Der Tod ist eine menschliche Urerfahrung; er ist die Erfahrung von Endlichkeit und Vergänglichkeit. Bei keiner anderen Erfahrung kommen wir so an unsere Grenzen. Kaum eine andere Erfahrung fragt die Tragfähigkeit des Glaubens so sehr an wie diese eine: das Sterbenmüssen, der Tod. Seit Menschengedenken wird diese eine Lebensfrage gestellt: Was kommt nach dem Tod? Paulus ist davon überzeugt: Wenn Christus von den Toten auferweckt worden ist, dann werden auch wir auferweckt werden. Wenn wir nicht auferstehen würden, dann wäre es Christus auch nicht. Wenn es gar keine Auferstehung von den Toten gäbe, wäre der Glaube völlig sinnlos. Wir hätten unser ganzes Leben auf die falsche Karte gesetzt. Die Auferstehung Jesu Christi ist demnach der Dreh- und Angelpunkt des Glaubens (1 Kor 15,12–22).

Dennoch gilt es, den Tod ernst zu nehmen. Jesus hat nicht unser Sterbenmüssen beseitigt. Auch für ihn gab es kein Leben am Tod vorbei, sondern nur durch den Tod hindurch. Das Christentum ist keine Religion der Sieger, denn nicht das Sterbenmüssen ist überwunden, sondern nur der Tod. Warum aber müssen wir sterben? Über Jahrhunderte sagte man: Durch die Sünde kam der Tod in die Welt, sozusagen als Strafe. Vorher, im Paradies, lebten die Menschen ewig, sie starben nicht. Erst nachdem Jesus durch sein Leiden die Sünden der Welt hinweggenommen hat, ist der Himmel wieder offen und alle Menschen vor und nach Jesus gelangen wieder zu Gott. Heute dürfen wir sagen: Sterbenmüssen, hinfällig werden, Krankheit, Tod, das alles gehört zur menschlichen Natur. Gott hat uns geschaffen als einen Teil der Natur, in der alles der Vergänglichkeit unterworfen ist. Der Tod wohnt in allem, was lebendig ist, denn was nicht sterben kann, hat nicht gelebt. Durch Jesu Auferstehung aber dürfen wir hoffen: Gott hat die Menschen nicht für den Tod erschaffen, sondern für das Leben. Er steht zu dem, was er einmal begonnen hat. Er will uns vollenden und verwandeln. Der Tod ist demnach keine Strafe, sondern ein letzter Teil des Lebens, den es zu bestehen gilt.

Doch was erwartet uns? Was dürfen wir hoffen? Seelsorge galt über Jahrhunderte als Heilssorge. Immer war die Angst im Spiel, sein Leben zu verwirken und auf ewig zu scheitern. Seelsorger zeigten einem den Weg zum Himmel. Dieser Weg war vorgegeben. Dabei wurde Gott sehr kirchenförmig gedacht. Wer im Sinne der Kirche lebte, befand sich auf einem sicheren Weg »nach oben«. Noch heute erweckt das Kirchenrecht den Eindruck, es ginge im christlichen Leben allein darum, das ewige Heil zu erlangen: Kirche als Heilsanstalt, allein aufs Jenseits ausgerichtet. So wurde und wird Heilsangst verbreitet, oft aus einer gut gemeinten, jedoch sehr vereinfachten, naiven Pädagogik heraus: Für gute Taten und exakten Kirchengehorsam gibt es Lohn, für schlechte Taten und Ungehorsam gibt es Strafe. Das war im normalen Leben ja auch so, deshalb konnte diese Erfahrung leicht auf Gott übertragen werden. Heilsangst aber ist gefährlich, denn wenn ich Angst habe, dann tue ich das Gute nicht mehr aus Liebe, und es entsteht ein dunkles, düsteres Gottesbild, von Freiheit keine Spur.

Ich möchte Mut machen zu einer großen Heilsgelassenheit. Natürlich ist auch das nicht ungefährlich. Die Gefahr ist, dass einem alles gleichgültig ist, dass die teure Gnade billig gemacht wird nach dem Motto: Wenn ich sowieso erlöst bin, dann ist es ja egal, wie ich lebe, dann brauche ich nichts im Leben wirklich ernst zu nehmen. Gott ist ganz sicher nicht dunkel und nicht düster, aber egal ist ihm auch nicht alles. Das Schicksal seiner Menschen lässt ihn nicht kalt. Er achtet auf unseren Willen zum Frieden, zur Gerechtigkeit; er will, dass wir einander lieben. Wie wir von der Heilsangst endgültig wegkommen und zugleich das Leben ernst nehmen; wie wir durch Gott frei werden, ohne dass uns alles gleichgültig wird, das ist für mich das Thema einer Eschatologie der Freiheit.

Die Hölle ist leer. Für diese Aussage bin ich schon oft angegriffen worden, vor allem aus dem konservativ-traditionalistischen Lager. Für »rechte« Katholiken scheint das Scheitern wichtig zu sein, zumindest als Möglichkeit für die jeweils anderen. Die Hölle mag eine reale Möglichkeit sein, deshalb behaupte ich auch nicht, dass es sie nicht gibt; ich hoffe lediglich, dass sie leer ist. Denn wenn auch nur ein einziger Mensch auf ewig scheitert und verlorengeht, so wäre Jesus Christus mit dem, was wir Erlösung nennen, nicht ans Ziel gekommen. Wenn überhaupt jemand in der Hölle gewesen sein mag – ich komme mit dieser Überlegung in den Bereich des Mythologischen –, dann Jesus allein, und zwar zu dem Zweck, sie ein für alle Mal zu verschließen, wenn nicht gar zu zerstören.

Lohn und Strafe, Vollendung und Verdammnis, Himmel und Hölle können angesichts der Liebe Gottes keine parallelen Möglichkeiten sein, so wie Gut und Böse nicht dualistisch gegeneinander kämpfen. Das Gute hat längst gesiegt, wenn es auch durch böse Taten noch aufgehalten wird. Ich bin davon überzeugt, dass Gott böse Taten von sich wegfluchen muss; das aber bedeutet nicht, dass die Täter in alle Ewigkeit kein Erbarmen finden können. Taten und Täter sind zu unterscheiden: »Hasse die Sünde und liebe den Sünder« (Augustinus). In der Seelsorge beschreibe ich das immer wieder mit einem Beispiel, das selbst die Höllengläubigen nachdenklich macht: »Stellen Sie sich vor, eines Ihrer Kinder wird zum Mörder. Wenn es auf der Flucht vor der Polizei bei Ihnen zu Hause anklingelt, öffnen Sie dann die Tür? Selbstverständlich muss sich Ihr Sohn oder Ihre Tochter der Polizei stellen, aber aus Ihrer Elternliebe fällt er oder sie dennoch nicht heraus. Gott aber kann mehr lieben als Sie!« Christen, die dennoch an Höllenvorstellungen hängen – Höllen, in denen selbstverständlich nur diejenigen sind, zu denen man selbst nicht gehört, die ganz Bösen also, die anderen, von denen man sich abgrenzen will –, erlebe ich oft auch bei anderen Lebensfragen als streng und eng, klein und kariert, naiv und magisch.

Höllendrohungen finde ich übrigens vorrangig im Matthäusevangelium. Scheinbar war die Gemeinde, für die Matthäus schrieb, besonders lau geworden, sodass er sie herausfordern und ihr dabei ein bisschen einheizen zu müssen glaubte. Auch die anderen Evangelisten verwenden für die Hölle das Wort *Gehenna,* eine Anspielung auf das Jerusalemer Hinnom-Tal, den damaligen Müllplatz der Stadt, auf dem tatsächlich »der Wurm nicht stirbt und das Feuer nicht erlischt« (Mk 9,48), weil eben dort der Müll in der Sonne brannte und die Küchenabfälle biologisch abgebaut wurden. Die Rede von der Hölle ist demnach ein Kraftausdruck, eine Metapher ähnlich unserem Sprichwort: »Dann geh doch hin, wo der Pfeffer wächst!« Konkrete Vorhersagen über Heil und Unheil sind diese Metaphern jedoch nicht.

Anders sehe ich das Fegefeuer. Es macht mir keine Angst, vielmehr freue ich mich darauf. Das Purgatorium als Reinigungsort ist für mich eine wohltuende Vorstellung. Die deutsche Übersetzung ist selbstverständlich eine Metapher und kein real existierendes Feuer. Das Fegefeuer kann gedacht werden als eine Wirklichkeit, in der sich Täter und Opfer miteinander versöhnen müssen, bevor sie gemeinsam vor das Angesicht Gottes treten können; als eine Möglichkeit, in der mir jene Selbsterkenntnis geschenkt wird, durch die ich erst in der Lage bin, die Gegenwart des liebenden Gottes zu ertragen, ohne mich vor mir selbst für mein Leben zu schämen. Ein reales Fegefeuer gibt es ursprünglich nur beim Goldschmied. Nach getaner Arbeit fegt er die Späne und Krümel vom Feilen und Löten von seiner Werkbank in einen Ledersack, dessen Inhalt er dem Feuer übergibt. Dieses Fegefeuer verbrennt den Staub, damit das kostbare und seltene Gold nicht verlorengeht. Gott versöhnt Täter und Opfer, damit das Gute an mir Bestand hat und das Böse vergeht. Nur so kann ich vor ihm ich selbst sein, nur so wage ich die Begegnung von Angesicht zu Angesicht.

Der Himmel schließlich ist kein Ort, denn Gott ist jenseits des Raums, er ist unendlich. »Gott ist überall zu orten, aber nirgends zu lokalisieren« (Heinz Zahrnt). Entsprechend ist die Ewigkeit keine endlose Zeit, denn dann wäre es im Himmel furchtbar langweilig. Der Himmel ist einfach die Gegenwart Gottes. Gott selbst ist der Himmel! Wer stirbt und aufersteht, lebt in Gott und wie Gott. Ohne die Vollendung aller jedoch kann es keinen Himmel geben; erst mit der Vollendung von allen und allem wird Gott mit seiner Welt ans Ziel gekommen sein. Der Himmel wächst mit jedem Menschen, der in Gott vollendet wird. Dabei werden wir auferstehen mit Leib und

Seele. Leib meint jedoch nicht Körper, Leib ist vielmehr das Symbol meiner Geschichte. Mein Leib hat sich durch den Stoffwechsel ständig erneuert und ist mit mir durch die Welt gegangen. Wer die alte Formulierung »Auferstehung des Fleisches« verwendet, meint damit nicht Haut und Knochen, die eines jüngsten Tages wieder zusammengefügt werden. Mit dem Leib meint er seine Geschichte, mit der Seele seine Identität, mit dem Fleisch alles zusammen, was Menschsein ausmacht. »Mit Leib und Seele« meint »ganz und gar«. Bei Gott wird nichts verloren sein.

Will das Christentum keine Jenseitsvertröstung sein, muss den Christen heute das Diesseits wichtiger sein als das Jenseits. Die Vollendung von Menschen und Welt ist allein Gottes Sache, wir können nichts dazu tun, es wird eine neue Schöpfung sein. Als Menschen sollen wir vor allem für die Erde sorgen und den Rest mit viel Vertrauen und Zuversicht Gott überlassen. Ich glaube: In Gottes Ewigkeit werde ich verstanden sein und verstehen, von Schuld befreit und ohne Angst ich selber sein; alle Fragen werden endgültig beantwortet, alle Probleme gelöst sein.

Und was ist mit dem Gericht? Werden wir über unser Leben Rechenschaft ablegen müssen? Ich glaube: Es wird alles auf den Tisch kommen, wirklich alles. Aber es wird uns niemand über diesen Tisch ziehen. Denn die Begegnung mit Gott wird uns aufrichten. Dieser Richter ist kein Henker, er wird alles an uns zurechtrichten, was mit seiner Gegenwart unvereinbar ist. Und dann wird er uns aufrichten und annehmen als seine geliebten Kinder. Gott bereitet uns ein Fest und ruft: »Es ist angerichtet!« Für die, die an Gott glauben, wird es ein fröhliches

Wiedersehen werden, und für alle anderen ganz gewiss eine freudige Überraschung.

Diese sogenannte Allversöhnung – die Vollendung aller Menschen – stand schon oft auf dem Prüfstand von Theologie und Kirche; sie wurde vorrangig aus pastoralen Gründen abgelehnt. Man hatte Angst davor, die Menschen könnten ihre Heilsangst und damit ihren Kirchengehorsam verlieren und dann mit ihrer neuen Freiheit gar nichts anfangen. Ich glaube an die Versöhnung aller, weil ich einem guten Gott das Gute zutraue und einem starken Erlöser die Erlösung. Bis zur Versöhnung und Vollendung aller, auf die ich hoffe, bleibt aber noch eine Menge zu tun. Also Ärmel hochkrempeln und damit anfangen, die Welt zu verwandeln! Wenn wir Menschen für das Heute sorgen, sorgt Gott für das Morgen. Ein Fatalismus nach dem Motto »Wenn Gott die Welt anders haben wollte, dann hätte er sie bestimmt anders gemacht, und deswegen bin ich nicht zuständig« oder »Wenn Gott die Welt anders haben will, dann soll er sie doch selber ändern, und deswegen bin ich für nichts und niemanden verantwortlich«, ist hochgradig unerwachsen. Ein reifer Glaube hat die Füße auf dem Boden, das Gesicht zur Welt und das Herz im Himmel; er ist fest verwurzelt, politisch äußerst wach und gerade deshalb fromm.

Maria mit dem Kinde lieb

Marianische Frömmigkeit ist ein klassischer Gradmesser von infantiler Naivität oder gereiftem Glauben. Sie wirkt manchmal süßlich, selten aufgeklärt, und ist innerkatholisch ein Kampfplatz um Rechtgläubigkeit, Karriere und Macht. Wer marianisch ist, gilt als gehorsam und angepasst, als bei aller theologischen Bildung kindlich-fromm geblieben und von daher bischofstauglich. So ist Maria das katholische Identitätsmerkmal schlechthin.

Das älteste Zeugnis über Maria finden wir im Galaterbrief (4,4f): In Jesus Christus ist das Heil gekommen. Paulus spricht von einer Frau, deren Name ihm unwichtig ist, weil es ihm um den Sohn geht und darum, dass der wirklich Mensch war. Die Mutter ist ein Zeichen: Der Christus Gottes kam in Fleisch und Blut. Wesentlich später entstanden die Kindheitsgeschichten nach Matthäus und Lukas. Diese wollen ursprünglich nicht vom Jesuskind erzählen, sondern die Heilsbedeutung des Wirkens Jesu, seines Todes und seiner Auferstehung verkünden. Sie bezeugen, dass Christus immer schon der Sohn Gottes war, von Anfang an. Dies wird dann einfach nur sehr anschaulich und wahrhaft kindgerecht erzählt. Die Geschichten sind keine Familienchronik der Firma Gott & Sohn, sondern frohe Botschaft in der Form einer theologischen Legende.

Als besonders problematisch empfinden viele Zeitgenossen die Jungfrauengeburt. In der Bibel gilt Jesus als »Sohn der Maria« (Mk 6,1–6a), von seinem Vater ist nicht die Rede, allerdings hat er Geschwister. An anderer Stelle gilt Jesus als »Sohn des Zimmermanns« und hat ebenso Geschwister (Mt 13,54–58). Bereits im Urchristentum kamen Fragen auf: Wenn Jesus der Christus ist, der Sohn Gottes, der Herr, was ist dann mit seiner Herkunft? War er dann nicht auch von Anfang an erwählt? War er immer schon Gottes Sohn von Ewigkeit her? Und wenn ja, müssen dann nicht auch die Umstände seiner Empfängnis und Geburt außergewöhnlich gewesen sein? Um solche Fragen zu beantworten, erzählte man Geschichten von Maria, der Mutter Jesu, die Jesus empfangen hat durch das Einwirken Gottes. Später nannte man Maria sogar Mutter Gottes, weil sie Gottes Sohn zur Welt gebracht hat.

Jesus ist und bleibt Gottes Sohn. Wobei dies, wie alles religiöse Sprechen, Bild und Metapher ist. Wir wissen weder, wer Gott ist, noch in welchem anthropomorphen (menschenähnlichen) Verwandtschaftsgrad Jesus zu ihm steht. Dass beide eins sind, ist Theologie; und für diese Nähe und Einheit ist das Verhältnis von Vater und Sohn menschlich verständlich und nachvollziehbar. Dass Gott, wenn er etwas ganz Neues anfängt, in der Lage ist, die Naturgesetze außer Kraft zu setzen, steht außer Zweifel. Eine jungfräuliche Empfängnis und Geburt stellt für den Schöpfer allen Lebens kein Problem dar. Andererseits hat Gott seinen Heiligen Geist in die Schöpfung hineingelegt, und in dieser Schöpfung gibt es von ihm her nichts Schlechtes, auch nicht die Sexualität. Jesus wäre auch dann Gottes Sohn, wenn er auf ganz normalem Wege von Josef gezeugt und von Maria empfangen und geboren worden wäre. Vielleicht wäre dies sogar der göttlichere von allen menschlichen Wegen.

Das biblische Zeugnis ist eindeutig: Jesus ist jungfräulich empfangen worden, Maria und Josef hatten – zumindest bis zur Geburt Jesu – keinen Geschlechtsverkehr. Doch auch hier gilt: Bibel und Theologie sprechen in Bildern, Begriffen und Symbolen, die der Interpretation bedürfen. »Empfangen durch den Heiligen Geist, geboren von der Jungfrau Maria« ist eine bildliche Vorstellung, die eine viel grundlegendere Wahrheit zum Ausdruck bringen will: Jesus kommt von Gott! Auch wir Menschen machen die Erfahrung, dass »einem etwas in den Schoß gefallen« ist. Das bedeutet: Ich habe nichts dazu getan, es war einfach da, es ist wie ein Geschenk auf mich zugekommen. Jesus ist Maria »in den Schoß gefallen«, sie hat selber nichts dazu getan, sie hat sich das Mutter-Gottes-Sein nicht verdient. Jesus war einfach da, er ist durch sie wie ein Geschenk auf die Menschheit zugekommen. Jesus kommt von Gott.

Marienverehrung gab es deshalb zunächst nur im Zusammenhang mit Jesus: Die geistgewirkte Empfängnis galt als Zeichen seiner Gottessohnschaft; Maria steht im Dienst Gottes und sagt Ja dazu. Man meditiert also über Maria. Erst im 3. und 4. Jahrhundert beginnt die unmittelbare Anrufung Mariens in Gottesdienst und Volksfrömmigkeit. Ihr Leben gilt als Vorbild und Lebensschule. Ab dem Mittelalter wird Maria wichtig bei Wallfahrten, in der darstellenden Kunst, in Hymnen und Gebeten. Das Rosenkranzgebet entsteht ab dem 15. Jahrhundert. Eine besonders starke Marienfrömmigkeit wird während der Gegenreformation und im 19. und 20. Jahrhundert zum katholischen Alleinstellungsmerkmal schlechthin. Im Klischee gesprochen: Das protestantische Bildungsmilieu schaut in die Bibel, die schlichten ungebildeten Katholiken beten Maria an. Diese Klischees wirken bis heute nach.

Im 20. Jahrhundert brechen das biblisch-liturgische und das Marienbild der Volksfrömmigkeit auseinander: Maria verliert ihren Sohn, sie wird als isolierte Frauengestalt ohne Christusbezug gezeigt. Immer wieder musste die Theologie naiv-infantile Formen der Volksfrömmigkeit sowie allzu soteriologische Mariologien (»Miterlöserin«) auf guten biblischen Boden zurückführen. Das hat dazu geführt, dass Marienfrömmigkeit heute eher in der Volksfrömmigkeit und gar im Traditionalismus als in der Theologie angesiedelt wird.

Maria ist weit ökumenischer, als man gemeinhin denkt. Die geistgewirkte Empfängnis Jesu und seine Geburt aus Maria ist ein Grunddatum protestantischer Christologie. Maria ist Gottesgebärerin; wegen ihres Glaubens ist sie Typus der Kirche. Sie ist Vorbild durch ihre Tugenden. Erst im Laufe der konfessionellen Abgrenzung wird Marienfrömmigkeit zum Inbegriff des Katholischen. Die unmittelbare Anrufung Mariens entfällt deshalb in den evangelischen Kirchen. Wegen der Bibel als alleinigem Erkenntnisprinzip (sola scriptura) konnte sich keine reformatorische Marienfrömmigkeit entwickeln. Heute findet man zum einen ein kämpferisches Marienbild (Feminismus, Befreiungstheologie), wie es zum Beispiel im Magnifikat (Lk 2,46–55) gut zum Ausdruck kommt, zum anderen wird Maria zum Bild der weiblichen Seite Gottes. In beiden Strömungen wird Maria zum Symbol für etwas anderes (Kampf, Weiblichkeit), es geht dabei weder um sie selbst noch um Jesus Christus.

Die vier marianischen Dogmen haben immer das Christusgeheimnis im Sinn; sie sind nicht bloß Lehrsätze, sondern sie lobpreisen das Wirken Gottes in Christus, bei dem Maria eine einzigartige Stellung hat. Zwei Dogmen sind christologisch ausgerichtet: Maria ist Gottesmutter (Ephesos 431) und Jungfrau (Konstantinopel 553). Zwei Dogmen erzählen etwas über Maria selbst: Sie ist unbefleckt empfangen (immaculata conceptio,

1854), also von vornherein erlöst, aus dem Unheilszusammenhang der Erbsünde herausgenommen; besser und einfacher könnte man von ihrer Erwählung sprechen, dem »Konzept« der Liebe Gottes. Schließlich ist Maria mit Leib und Seele in den Himmel aufgenommen (1950).

Marienerscheinungen sind imaginäre Visionen, mystische Phänomene und psychogene Vorstellungen. Sie haben, anders als die Erscheinungen des Auferstandenen, keine Verbindlichkeit im Glauben. Schon nach Thomas von Aquin unterstützen solche Privatoffenbarungen das sittliche Leben der Gläubigen, zur eigentlichen Offenbarung tragen sie jedoch nichts bei. Respektvolle Ablehnung und kritische Zurückhaltung sind typisch kirchliche Umgangsweisen mit Privatoffenbarungen, auf die sich bestimmte Gläubige gern einlassen, wenn sie wenig Kontakt mit der Bibel, dafür aber eine magische Gebetspraxis haben. Interessant ist, dass bisher kein kritischer Theologe eine Marienerscheinung hatte; es waren immer eher schlichte Persönlichkeiten, die in gesellschaftlicher Krisensituation und großer Ungewissheit mit solchen außergewöhnlichen Erscheinungen konfrontiert worden sind, sodass sich psychologische Erklärungen aufdrängen. Dabei ist interessant: Erst seit Lourdes (1858) wird Maria ohne Kind dargestellt; der Christusbezug schwindet unaufhörlich. Je größer die Angst vor dem Richter Christus im einfachen Volk war, desto mehr nahm die Marienfrömmigkeit zu (man geht lieber zur Mutter als zum strengen Sohn). Marienfrömmigkeit als spirituelle Mitte ist vermehrt bei Menschen anzutreffen, die im Glauben nicht erwachsen geworden, ja, die sogar infantil geblieben sind. Sie lieben die Gottesmutter, »weil wir das so gelernt haben« und »weil man das doch muss«, lehnen aber zum Beispiel die Gleichstellung der Frau in der katholischen Kirche vehement ab.

Bei manchen Christen wird Maria zur absoluten Frau hochstilisiert, die vollkommen rein ist (als Jungfrau) und dennoch wie niemand sonst die absolute Mutterfigur darstellt. Entsprechend machen neuzeitliche Marienfiguren schlichterer Bauart aus ihr eine absolute Jungfrau, der man das Frausein gar nicht mehr ansieht: Nicht mehr Mensch, sondern Himmelswesen soll sie sein. Im Mittelalter gab es noch sehr weibliche Darstellungen, zum Beispiel eine »Maria lactans«, eine stillende Mutter Gottes, oder auch eine schwangere Maria mit dickem Bauch. Der christologische Bezug tritt faktisch immer mehr in den Hintergrund: von der Mutter Gottes zur Muttergöttin, zur reinen Jungfrau oder zur absoluten Supermama. Gerade der Bezug zu Christus bleibt deshalb die Nagelprobe für jede mariologische Strömung.

Nach meiner Einschätzung hat das Zweite Vatikanische Konzil sehr klug gehandelt, als es Maria vom Sockel einer naiv-magischen Frömmigkeit herunternahm und wieder in den Leib Christi, die Kirche, einbezog. Sie wird nicht mehr so sehr vergöttlicht, sondern steht auf Seiten der Menschen (Lumen gentium 52–69). Sie ist nicht himmlisches Objekt von Anbetung und Zuflucht, nicht göttliches Supermodel, sondern Schwester der Menschen und Vorbild im Glauben. Marienfrömmigkeit ist gut und hilfreich, wenn sie biblisch ist und auf Christus verweist. In der Seelsorge muss man Acht geben, dass Maria nicht allein in die Hände des konservativen Lagers und der unverbesserlichen Volksverdummer gerät. Es bleibt die Schwierigkeit, eine praktische Marienfrömmigkeit missionarisch einzusetzen: Das Rosenkranzgebet wird wohl sterben, und Marienlieder haben größtenteils keinen wirklichen theologischen Inhalt, sondern sind, wenn sie gut sind, Poesie, wenn sie schlecht sind, frommes Geschwafel.

Ich möchte den Abschnitt über Maria beenden mit einigen spirituellen Zugängen für heute, die es ermöglichen, auf erwachsene Weise marianisch zu sein. Dazu muss man vieles, was über Maria gesagt wird, metaphorisch sehen; man muss sich mit ihr identifizieren. Denn der Schlüssel zu einer biblisch verantworteten Marienfrömmigkeit ist im Grunde genommen ganz einfach. In allen biblischen Geschichten darf ich mich mit Maria identifizieren; ich schlüpfe gleichsam in ihre Rolle. Bei allen Mariendarstellungen – Bildern und Madonnenfiguren – darf ich mir sagen: »Maria, das bin ich!« Angelus Silesius sagt es so: »Ich muss Maria sein und Gott gebären.« Das ist der Schlüssel. Wenn ich in den biblischen Geschichten und künstlerischen Darstellungen die Rolle Mariens einnehme, wird mir mit einem Mal klar, was sie für mich bedeuten kann: Sie ist der Prototyp einer jeden Christin, eines jeden Christen.

Denn ich soll wie Maria offen sein für Gott und sein Wort. Ich möchte empfänglich sein für ihn, möchte einstimmen in seinen Willen. Ich bin seine Magd, sein Knecht. Ich soll Jesus im Herzen tragen wie Maria ihn darunter trug. Ich kann – im übertragenen Sinne – mit Jesus »schwanger gehen«. Und das Wichtigste ist: Jede Christin, jeder Christ ist dazu berufen, Jesus zur Welt zu bringen! Diese doppelte Bedeutung von »zur Welt bringen« – einmal im Sinne von gebären, dann aber auch im Sinne von verkünden, bezeugen, missionarisch sein – spricht für sich. Christen bringen Jesus zur Welt, sie zeigen ihn der Welt, sie machen seine Liebe durch ihr Leben begreifbar.

Und so geht es weiter: Als Christ begleite ich Jesus auf seinem Weg – wie Maria. Ich entdecke sein Antlitz in allen Leidenden; in denen, die hungrig sind nach Liebe, Anerkennung und Sinn. Nur allzu oft stehe ich unter dem Kreuz Jesu Christi – wie Maria. Er gibt mir die Kraft, nicht davor zu fliehen, sondern darunter auszuharren. Der marianische Schlüssel zum Christsein geht bis in den Abendmahlssaal, in dem Maria mit dem Jüngerkreis auf die Sendung des Heiligen Geistes wartet: Auch ich darf meinen Platz in der Kirche finden, im Kreis der Jünger heute.

Doch wenn es nicht metaphorisch zugeht, sondern dogmatisch wird, tun sich viele nach wie vor schwer. Was heißt beispielsweise »ohne Erbsünde empfangen«? Maria ist ihrem Wesen, ihrer Herkunft nach ganz und gar Kind Gottes. Und zugleich ist sie dazu berufen, Mutter Gottes zu sein, das heißt, Christus zur Welt zu bringen. Damit zeigt sie unser aller Herkunft, Berufung und Zukunft: Als Christ bin ich immer schon von Gott gewollt und in ihm geborgen als sein Kind, und gerade darum kann Gott durch mich zur Welt kommen. Ich wohne in Gott und Gott wohnt in mir, ich komme aus Gott und Gott will durch mich kommen.

Und was kann »Jungfrau« bedeuten? Marias Jungfräulichkeit ist das Zeichen – Sakrament – für die Gottessohnschaft Jesu. Sie hat sich den Gottessohn nicht verdient – er ist ihr »in den Schoß gefallen«, das heißt, die Initiative liegt ganz bei Gott, Jesus ist ganz und gar Gottes Geschenk an uns und nicht Verdienst Mariens. Wenn unser Herz »jungfräulich« ist, das heißt empfänglich und nicht herrisch, bedürftig und nicht perfekt, dann können wir das Ja-Wort aufnehmen, das Gott immer neu zu seiner Schöpfung sagt. Gott will auch durch mich Fleisch werden und zur Welt kommen. So wie man ein Kind nicht »macht«, sondern »bekommt«, so können wir unser Leben nur »jungfräulich« empfangen, als Gnade, als Geschenk vom Himmel. Wir tragen Gottes Ja-Wort schon längst im Herzen, lassen es in uns wachsen, bringen es zur Welt.

Im Grunde genommen gibt es nur vier Marienbilder, auf die sich alle weiteren Marienbilder und Darstellungen zurückführen lassen. Die Mutter mit dem Kind zeigt, dass Gott unser Leben teilt – so, wie das Kreuz Jesu zeigt, dass Gott auch unseren Tod erleidet. Maria hält uns das Kind entgegen. Das ist Urbild und Vorbild: Wir halten der Welt Christus hin. Die Pietà zeigt Maria mit ihrem toten Sohn im Schoß. Das Bild ist nicht biblisch, aber es bringt zum Ausdruck: Am Ende trägt die Liebe noch den Tod, hält ihn aus und holt ihn heim. Die Pietà sagt mir: Auch ich bin endgültig gehalten. Die Schutzmantelmadonna ist ursprünglich ein Gegenbild zu dem, was man im Mittelalter an den Eingängen der Kirchen sah: zum Weltgericht. Rechts die Erlösten, links die Verlorenen, dazwischen Jesus auf seinem Richterstuhl. Dieses Bild gehört zu Recht an die Außenseite der Kirche. In den Kirchen selbst stand Maria mit ihrem Schutzmantel, unter dem alle Platz hatten als Asyl in Lebens- oder Todesangst. Der Glaube an den barmherzigen Gott hat in der Gestalt der Maria überlebt, gerade in einer Zeit, als Gottvater und Jesus Christus nur als göttliche Richter und Henker erschienen. Maria hat alle angenommen, ohne die Guten von den Bösen zu unterscheiden. Marias Schutzmantel zeigt die Güte des Himmels und lädt auch mich zur Güte ein: Hab wie Gott ein weites Herz und einen weiten Mantel! Zu guter Letzt gibt es die Marienkrönung. So, wie Maria von Anfang an mit Leib und Seele *angenommen* war von Gott, so wird sie auch mit Leib und Seele *aufgenommen* von Gott. Mit Leib und Seele heißt mit Geschichte und Identität, nicht mit Haut und Knochen. Marias Lebensgeschichte wird endgültig von Gott gekrönt, so wie auch mein Leben als Christ – als Gesalbter – eines jüngsten Tages für immer und ewig gekrönt werden wird. Maria zeigt: Gott, von dem ich komme und zu dem ich unterwegs bin, setzt meinem Leben die Krone auf.

Mit Maria als himmlischem Supermodel und Übermutter werden wir im Glauben Kinder bleiben; mit Maria als Bild und Vorbild werden wir im Glauben erwachsen.

Magische Orte und heilige Zeiten

Gott ist unendlich und ewig, doch wir Menschen können nur denken in Raum und Zeit. Deshalb sind alle unsere Vorstellungen von Gott räumlich und zeitlich geprägt und damit begrenzt. Sie sind Bilder und Metaphern aus der uns umgebenden Welt. Wenn Menschen pilgern, ist dies also bestenfalls ein Symbol für den Lebensweg, dessen Ziel allein Gott sein kann. Wird das Pilgerziel selbst zum heiligen Boden oder gar zum magischen Ort, dem wir größere Kräfte und eine mächtigere Gottesgegenwart zutrauen als anderen Orten, so gelangen wir in den Bereich der Magie. Diese aber ist immer mit religiösen Versagensängsten verbunden: Was ist, wenn es nicht funktioniert? Bin ich dann etwa nicht gut genug?

Menschen, die beispielsweise bestimmte Wallfahrtsorte als Heilsorte verabsolutieren, die also meinen, ihrem Gott nur noch an einem bestimmten Ort begegnen zu können, sind zumeist im Kinderglauben verblieben. Ihre Vorstellung von Gott als dem Unendlichen ist zu dinglich und zu klein. Dies betrifft alle Religionen: Das Heil ist weder in Jerusalem noch in Santiago de Compostela noch in Mekka leichter zu finden als an irgendeinem anderen Ort. Bei Pilgerreisen besteht immer wieder die Gefahr, genau wissen zu wollen, wo vor Zeiten etwas Heiliges geschehen ist. Selbst gebildete Menschen verfallen hier häufig einem Historismus, der jeder Hermeneutik widerspricht.

Wird der Kinderglaube verabsolutiert, ja, fundamentalistisch zur reinen Lehre erklärt, so kämpfen Menschen um ihre magischen Orte wie beispielsweise in Jerusalem, wo genau festgelegt ist, auf welche Weise in welchen Grenzen welcher Stein von welcher Offenbarung welches Gottes erzählt; im schlimmsten Fall erklären Religionen ihre Kriege für heilig, so als spekulierte Gott mit Immobilien. All diese Vorstellungen sind magisch und naiv; alle Kämpfe um die als heilig empfundenen, jedoch nur historisch gewachsenen Orte werden erst enden, wenn Religionen durch ihre je eigene Aufklärung gehen, ihre heiligen Orte als magisch entlarven und notfalls aufgeben. Der Einsatz für die alten Steine mag menschlich verständlich sein; Gott aber wohnt nicht in Tempeln, sondern in den Herzen lebendiger Menschen. Sie allein gilt es zu schützen, sie allein sind der Ort Gottes und wichtiger als alle Liegenschaften auf der Landkarte. Nur eine Religion, die das anerkennt, die ihre Schriften und ihre Traditionen einer historisch-kritischen Auslegung unterwirft, kann in Zukunft damit rechnen, überhaupt noch ernst genommen zu werden.

Seit 2020 wird die Hagia Sophia in Istanbul, die über Jahrzehnte ein Museum gewesen war, wieder als Moschee genutzt. Dabei wurde bewusst verdrängt und politisch verzweckt, dass dieses Museum, bevor es erstmals zur Moschee wurde, eine Kirche war. Wem gehört jetzt dieser vermeintlich heilige, magische Ort? Gilt die historische Reihenfolge der Nutzung, die jeweils herrschende politische Macht oder das monetäre Interesse? Die Hagia Sophia ist zunächst eine Ansammlung von Steinen, der Menschen eine Bedeutung gegeben haben. Wie wichtig ist diese Idee für die Spiritualität? Gott braucht nichts davon, er möchte einfach nur bei den Menschen und durch diese hindurch wirksam sein.

Selbstverständlich muss der Glaube verortet sein. Ein fester Ort ist für das regelmäßige Gebet äußerst hilfreich. Dieser Ort wird aber von jedem Beter selbst bestimmt. Es kann sein, dass ein Ort zum persönlichen Gebetsort wird, weil einem bewusst ist, dass dort viele Menschen vor und mit einem gebetet haben und beten. Dann stecken in den Steinen tatsächlich die Gotteserfahrungen der Glaubensgeschwister. Dennoch hat der Ort keine Selbstwirksamkeit; er muss von jedem selbst erbetet und erfahren werden. Ob dies ein Wallfahrtsort, eine Kathedrale, die eigene Pfarrkirche oder der Gebetsschemel zu Hause ist, spielt dann keine Rolle mehr.

Anders verhält es sich mit den heiligen Zeiten. Deshalb habe ich zwischen magischen Orten und heiligen Zeiten unterschieden. Orte sind magisch; sie zu verabsolutieren heißt, zu vergessen, dass Gott im Menschen wohnt, nicht in Steinen. Zeiten jedoch können heilig sein, denn sie geben uns eine Ordnung und strukturieren das geistliche Leben, unsere Beziehungspflege mit Gott. »Nur gegliederte Zeiten sind erträgliche Zeiten« (Fulbert Steffensky). Zwar muss auch hier klar sein, dass die Erde sich um die Sonne dreht und damit jedes Zeitempfinden relativ ist. Wir Menschen brauchen aber die gegliederten Zeiten, um nicht in Hektik oder Langeweile umzukommen, sondern unser Jahr und unseren Tag geistlich einzuteilen.

Unser Gebet braucht einen Ort, damit wir uns verorten, nicht aber, um Gott finden zu können. Diesen Ort legen wir selbst fest, er hat aus sich heraus keine Kraft. Die Zeit jedoch ist uns gegeben. Wer für seinen Glauben keine magischen Orte mehr braucht – weil er gewahr wird, dass Gott in ihm wohnt – und wer mit seiner Zeit so umgehen kann, dass er in der Gegenwart Gottes lebt, ist im Glauben reif und erwachsen geworden.

Zeichen und Wunder

Ähnlich wie mit den magischen Orten verhält es sich mit magischen Zeichen, denen wir eine Selbstwirksamkeit zutrauen: Sie verhindern die Glaubensentwicklung. Wenn beispielsweise

Reliquien von Erinnerungszeichen zu Talismanen werden, wenn Kreuze und Rosenkränze zu Amuletten verkommen, wird Gott oder das Göttliche ganz archaisch als Schutzmacht persönlicher Interessen benutzt. Das ist Magie. Wenn sich ein Fußballspieler vor dem Elfmeterschießen bekreuzigt, ist dies kein Glaubenszeugnis, es schadet vielmehr der Glaubwürdigkeit des Christentums. Was für ein furchtbarer Zauber!

Wir brauchen Zeichen, um uns zu orientieren, vielleicht auch als Erinnerung und Ansporn zum geistlichen Leben. Es gilt zu unterscheiden, ob ein Zeichen hilfreich ist, Christ zu sein und ins Gebet zu kommen, oder ob man einen Gegenstand oder ein Ritual nur dazu benutzt, Gott oder eine numinose Schicksalsmacht nach eigenem Gusto beeinflussen zu wollen.

Im katholischen Heiligsprechungsprozess beispielsweise wird immer noch nach Wundern gesucht und es werden auch heute noch Reliquien entnommen: ein Fingerknöchel von Schwester Euthymia, eine Blutampulle von Johannes Paul II. Hier bedarf es dringend einer Reform, denn damit werden Wundersucht und Magie gefördert und Gläubige weiter infantilisiert oder abgeschreckt, je nachdem. Man kann sich von vorbildlichen Menschen jederzeit »eine Scheibe abschneiden«, wie der Volksmund sagt, ohne deren sterbliche Überreste in Einzelteile zu zerlegen; man kann im Lebenswandel der Heiligen auch ohne übernatürliche Phänomene und ohne das Außerkraftsetzen von Naturgesetzen ein Beispiel sehen, das zur Nachfolge Christi motiviert. Ist eine Glaubensgemeinschaft durch die Aufklärung gegangen, wird sie um der Glaubwürdigkeit ihrer Botschaft willen mit Selig- und Heiligsprechungen zurückhaltend umgehen und dabei auf den Wunderprozess sowie auf Reliquien und andere Talismane komplett verzichten. Aus historischer Perspektive handelt es sich dabei allemal nur um frühgermanische »Kinderkrankheiten« nach dem Untergang der Antike, die eine erwachsen gewordene Kirche getrost hinter sich lassen kann.

Ursachen für das Verharren im Kinderglauben

Warum verharren viele Menschen oft lebenslang und nicht selten sogar hartnäckig im Kinderglauben? Warum sind sie entwicklungs- und erlösungsresistent? Manche Ursachen liegen bereits in der Erziehung, manche in der fehlenden Reflexion und geistigen Wachstumsbereitschaft, andere in den gegebenen kirchlichen Strukturen.

Misstrauen und Minderwertigkeitsgefühl

Die Erziehung der Kinder ist eine schwere Aufgabe. Davon verstehe ich wenig, vielmehr habe ich davor allergrößten Respekt, denn es gibt keine konkretere Verantwortung auf Erden, als Kinder zur Welt zu bringen und sie zu aufrechten Menschen zu erziehen. Der heilige Augustinus sagt: »Das Leben der Eltern ist das Buch, in dem die Kinder lesen.« Mehr als Worte sagt das Leben, und was die Kinder zu Hause erleben, das leben sie auch. Noch einfacher sagt es der schweizerische Pädagoge Heinrich Pestalozzi: »Man muss die Kinder überhaupt nicht erziehen, sie machen einem ja doch alles nach.«

Beide Aussagen – von Augustinus und von Pestalozzi – sind richtig und falsch zugleich. Richtig daran ist: Durch unsere Eltern erhalten wir die wichtigsten Vorprägungen des Lebens. Falsch an diesen Aussagen ist: Unsere Kinder sind heute schon sehr früh anderen Einflüssen ausgesetzt. Sie lesen eben nicht nur im Leben der Eltern, sondern in vielem anderen auch. Kinder erziehen sich gegenseitig, Kindergarten und Schule üben großen Einfluss aus, und die Cliquen, zu denen sie gehören, tun das Übrige.

Zwei Prägungen sind es, die im Elternhaus grundgelegt werden und die immer wichtig bleiben: Vertrauen und Selbstbewusstsein. Sie werden grundgelegt durch die Liebe der Eltern, wenn sie ihre Kinder annehmen, wie sie sind, um ihrer selbst willen. Vertrauen bedeutet: Wie lasse ich mich auf andere ein, auch auf Gott? Selbstbewusstsein bedeutet: Wie sehe ich mich selber, für wie wertvoll halte ich mein Leben? Vertrauen und Selbstbewusstsein bedeuten auch: Respekt vor Menschen, Dingen und sich selbst zu haben. Im Vertrauen lernen die Kinder, zu anderen und zu Gott Ja zu sagen. Mit Selbstbewusstsein lernen sie, zu sich selber Ja zu sagen, aber zu vielem anderen Nein, ein entschiedenes Nein!

Das Gegenteil davon – Misstrauen und Minderwertigkeitsgefühl – führt oft dazu, dass Menschen nicht Nein sagen können. Dann machen sie alles mit, was Mode und Trends vorgeben, weil sie Probleme mit ihrem Selbstbewusstsein haben; sie bleiben deshalb abhängig und klein, sie schwimmen mit dem Strom, weil das mehr Anerkennung verspricht. Sie kaufen, was das Zeug hält, um mit anderen mitzuhalten oder sich selbst abzulenken. Oder sie haben einfach keine Meinung, die über Stammtischparolen und Allgemeinplätze hinausgeht. Wer von Misstrauen und Minderwertigkeitsgefühl geprägt ist, kann einerseits nicht Nein sagen. Und andererseits führen sie zu falsch verstandener Macht, ja, zum Missbrauch von Macht, zu autoritärem Gehabe. Wer sich selbst allzu klein vorkommt, muss sich vor anderen immerzu groß machen. Autoritäre Typen sind eigentlich kleine Wichte, die nur wichtigtun; sie machen sich wichtig, weil sie sich selbst tief im Innern ganz mickrig vorkommen.

Die wichtigsten Prägungen, die in der Familie grundgelegt werden, sind Vertrauen und Selbstbewusstsein. Familien, die nicht alles mitmachen, die auch Nein sagen können und versuchen, das Leben bewusst zu gestalten, solche Familien leben alternativ. Meistens haben sie überaus selbstbewusste Kinder. Häufig interessieren und engagieren sie sich für eine gute Sache. Wenn sie gläubig sind, laufen sie nicht nur kirchlichen Autoritäten hinterher, sondern machen sich ihre eigenen Gedanken. Gläubige, die kein Selbstbewusstsein entwickeln konnten, brauchen oft eine Stütze von außen, wodurch sie für Klerikalismus anfällig sind. Nach meiner Erfahrung verhindert dies die Reifung im Glauben, das Erwachsenwerden. Man jubelt dem Papst zu, weiß aber nichts von der Bibel. Man übernimmt krude Thesen und Verschwörungsmythen selbsternannter Klerikal-Gurus oder tritt irgendwelchen frommen Vereinigungen bei, die durch Gehorsamsforderungen zu ersetzen suchen, was an eigener Standfestigkeit fehlt. Bis zu geistlichem oder gar sexuellem Missbraucht ist es dann oft nicht weit.

In der Natur gibt es zwei Möglichkeiten, Standfestigkeit zu erlangen: Panzer oder Rückgrat. Insekten zum Beispiel haben einen Chitinpanzer, der sie von außen schützt, dafür aber mit Ausnahme der Gliedmaßen relativ unbeweglich macht. Wirbeltiere haben ein Rückgrat, wodurch sie innerlich stabil werden und gleichzeitig flexibel bleiben, dafür jedoch verletzlich und verwundbar sind. Religiöse Menschen ohne Rückgrat binden sich häufig an Autoritäten in der Hoffnung, auf diese Weise Stabilität zu erlangen. Sie suchen eine starre Ordnung, einen oft überregulierten Tagesablauf oder eine strenge Dogmatik. Selbst die klerikale Kalkleiste, das Kollar der Amtsträger, kann die Funktion eines Außenpanzers haben, da es neben der gewünschten Klarheit auch Distanz bewirken kann bis zur Einschüchterung des Gegenübers. Erwachsene Christen sollten das Modell Rückgrat, die Stabilität von innen bei gleichzeitiger Beweglichkeit, anstreben, da es Lebendigkeit und Freiheit verspricht. Auch eine gewisse Verwundbarkeit, eine Empathie und Compassion für das Leiden anderer schadet nicht.

Ich selber möchte es an dieser Stelle ganz deutlich sagen: Mein Selbstbewusstsein habe ich im Glauben an Jesus Christus gefunden. Weil er mich liebt und annimmt, kann ich Ja sagen zu ihm, zu anderen Menschen, zu mir selbst. Weil er mich liebt und annimmt, kann ich zu vielem anderen Nein sagen. Weil ich an Jesus glaube, kann ich auch gegen den Strom schwimmen, kann ich versuchen, bewusst zu tun, was ich tue; kann ich sein, was ich sage, und tun, was ich bin. Ich wünsche mir, dass wir in unseren Familien und Gemeinden über den Glauben sprechen; dass unsere Kinder Vertrauen und Selbstbewusstsein lernen. So werden sie mit Rückgrat und Standfestigkeit ihren Weg gehen, mit eigener Meinung und Toleranz, mit Feingefühl und lebendigem Glauben.

Fehlende Reflexionsbereitschaft

Kinder lernen durch Nachahmung, Erwachsene durch Reflexion. Wer als Kind keine erwachsenen Glaubensvorbilder hatte, wird es schwerer haben, selbst im Glauben erwachsen zu werden. Wer beispielsweise über Schutzengelgebete nicht hinausgekommen ist, wird Gott für eine Schutzmacht halten, die nur dafür zuständig ist, sicher über die Straße zu kommen. Seine göttliche Schutzmacht wird, wenn die entsprechende Entwicklung ausbleibt, später für persönliche Vorteile zuständig sein; sie muss perfekt funktionieren, soll sich aber mit sozialen Herausforderungen gefälligst zurückhalten. Wer Gott als einen Kontrolleur oder Schnüffler erfahren hat, der als Erziehungsmittel missbraucht worden ist, als einen Gott, der durch Gebote und Verbote regiert und mit Lohn und Strafe agiert, wird es schwerer haben, an Gottes bedingungslose Liebe zu glauben. Wer als Kind nur moralisierende Predigten gehört hat, ja, wer nur das vormoderne, theologieferne und stets ausweichende Geschwafel der meisten Kirchenmänner kennt, wird keine Spiritualität entwickeln, die über das Gemüt hinausgeht und auch intellektuell anspricht. Mit einem Wort: Wenn der Glaube zu klein ist, wächst man heraus; er muss zu groß sein, dann kann man hineinwachsen.

Selbst das Theologiestudium ist keine Garantie, im Glauben zu wachsen. Wenn ich allein daran denke, wie magisch einige sogenannte Kirchenmänner mit der Corona-Krise umgegangen sind, so, als könnte ihnen selbst und den von ihnen verwalteten Sakramenten das Virus nichts anhaben. Wie sie immer noch regieren mit ihrem vormodernen Verständnis von Autorität und ihrer naiven Steinbruchexegese. Viele Theologen verstecken sich hinter einer Sprache, die keiner mehr versteht: gelernt, nicht gelehrt. Wer das Gelernte nicht mit eigenen, einfachen Worten sagen kann, hat es zumeist nicht tief genug verstanden. Im eigenen Beten sind diese Theologen häufig immer noch ängstlich und magisch.

Viele Christen wehren sich gegen jede Entwicklung und sind auch sonst nicht lernbereit, sondern halten nur am Gewohnten fest. Sätze wie »Davon will ich nichts wissen, es hat ja bisher auch gereicht« habe ich schon oft gehört. Wo kein Argument mehr zählt, ist intellektuell nichts zu machen. Bei vielen Gewohnheitschristen findet Religiosität ausschließlich im Gemüt statt, was bis zur Gefühlsduselei gehen kann; man ist einfach angerührt, aber ansonsten bewegt sich nichts. Ich habe Respekt vor Menschen, die bei jedem frommen Gedanken sofort weinen müssen, sie sind wirklich herzergreifend berührbar. Doch auch sie brauchen die intellektuelle Auseinandersetzung, sie müssen die bohrenden Fragen zulassen, die oft ohne Antwort bleiben. Glaube braucht nicht nur das Gefühl, sondern auch einen klaren Verstand und einen festen Willen, sonst wird er unwirksam bleiben.

Manche ältere Christen haben sogar Angst vor einer möglichen geistlichen Entwicklung, da diese immer auch Loslassen bedeutet. Jüngeren Menschen, die ihre Kirche lediglich für feierliche Lebenswendenrituale nutzen, ist allein das emotionale Erleben wichtig; die Liturgie soll traditionell wirken, gerät aber häufig zur postmodernen Selbstinszenierung. In vielen Gemeinden schließlich herrschen eigentlich nur drei Dogmen: »Das war schon immer so«, »Das hatten wir noch nie« und »Da könnte ja jeder kommen«. Dass man gegen Bosheit kämpfen kann, gegen Dummheit aber machtlos ist, meinte bereits Dietrich Bonhoeffer. Geistliche Entwicklung setzt immer Reflexionsbereitschaft und Änderungswillen voraus, Experimentierfreudigkeit und die Lust zu Neuem. Und das ist keine Frage der Schul-, sondern der Herzensbildung.

Es gibt Menschen mit eher einfacher Bildung, die einen sehr aufrechten, geraden Charakter haben, die vielleicht nicht viel wissen, aber mit großer Intuition und Empathie begabt sind. Und es gibt Menschen mit großer akademischer Bildung, die vielleicht schlau, aber nicht klug sind. Sie haben es weit gebracht, aber ihr Herz ist kalt und klein geblieben. Wer sich im Glauben entwickeln möchte, singt weder ein Lob der Dummheit, noch verbeugt er sich vor Titeln und Erfolgen: Er bleibt mit einer schlichten Klugheit auf dem Weg der Nachfolge, ist dankbar für sein Leben und gespannt auf neue Erfahrungen.

Stumpf ist Trumpf

Bloß nichts Neues!
Man ist,
wie man eben so ist.

Man hat
nichts dagegen und man
hat nichts dafür.
Man kann
ja doch nichts machen.
Und wer nichts macht,
macht auch nichts falsch.

Vor allem
ist man immer nur »man«,
da ist kaum ein Ich dabei,
kein Original.
Schablonen-Existenzen.
Mode-Kopien.
Matt-Scheiben.
Quoten-Vieh.

Sie gucken einen an
wie mit Kuhaugen.
Und wenn sie könnten,
würden sie ihre Pommes
wiederkäuen.

Klerikalismus

Die Ursünde des Menschen ist: sein wollen wie Gott. Die Ursünde der Kirche ist der Klerikalismus, denn hier maßen sich Menschen im Grunde genommen dasselbe an, indem sie zwar nicht Gott, aber doch zumindest seine Stellvertreter sein wollen und dabei so tun, als würden sie – und nur sie – seinen Willen genau kennen. Klerikal ist dabei nicht eine bestimmte Theologie oder Kleidung, sondern ein archaisch-magisches Machtgefälle sowie ein monarchisches Erwählungs- und ein paternalistisches Sendungsbewusstsein.

Wo eine Gemeinde oder eine Diözese ihren Leiter als skurrilen Schamanen erlebt und sogar akzeptiert (Klerikalismus von unten) und wo ein Geweihter sich selbst von den sogenannten Laien abgrenzen muss, um seine wankende Identität zu stärken oder gar die eigene Unsicherheit zu verstecken (Klerikalismus von oben), entstehen Misstrauen und Angst. Die Christen an der Basis schauen noch viel zu sehr nach oben, und die Kleriker bilden einen eigenen Klüngel. Das Handeln der Kleriker an den Laien wird häufig als Seelsorge, das Handeln der Christen in der Welt als Pastoral bezeichnet. In den meisten Gemeinden jedoch wird nach Seelsorge gefragt, nicht an der Pastoral mitgewirkt. Gerade in der Corona-Zeit konzentrierte sich wieder alles auf die Amtsträger statt auf die Gemeinschaft der Christinnen und Christen, so als hätte das Zweite Vatikanische Konzil gar nicht stattgefunden. In vielen Gemeinden möchte man möglichst mit dem Chef sprechen, also mit dem jeweils verfügbaren ranghöchsten Kleriker. Solange noch dieses Denken an der Basis herrscht, wird die Kirche klerikal bleiben. Der Grund ist wieder die Infantilität des Gottesvolkes: Nur unmündige Kinder brauchen Väter, erwachsene Christen haben Geschwister.

Als am schädlichsten für die Entwicklung eines erwachsenen Glaubens erweist sich die typisch klerikale Koalition aus Angst und Macht. Wer sich nur religiösen Autoritäten unterzuordnen gelernt hat, wird keine eigene christliche Identität ausbilden, sondern infantil bleiben. Wer sich zeitlebens selbsternannten geistlichen Vätern oder einer übermächtigen Mutter Kirche unterzuordnen hatte, wird niemals ein erwachsener Christ oder eine erwachsene Christin werden, denn die Gefahr ist groß, dass die Angst vor kirchlichen Autoritäten auch das Gottesbild nicht unberührt lässt. Im schlimmsten Fall wird der Missbrauch kirchlicher Macht religiös begründet und akzeptiert – eine Spirale der Angst.

Vielen Christen hat man über Jahrhunderte nur ein Autoritätsgewissen (das dem Lehramt zu gehorchen hat) zugestanden und dementsprechend ein Verantwortungsgewissen (das selbstständig und mündig Urteile fällt und handelt) unterdrückt. Das Gewissen als oberste Instanz wurde nur verbal propagiert, nicht jedoch beherzigt, besonders im Bereich der typisch katholischen kollektiven Sexualneurose, deren detailverliebte Normen häufig nur ein Spiegel der Phantasie ihrer Urheber, nicht aber lebensnah und hilfreich sind.

Klerikale Demenz

Der Kontakt zur Außenwelt
geht verloren.

Man kann nicht mehr Neues denken
und versteht die Welt nicht mehr.

Rituale geben Sicherheit,
doch begreift sie niemand.
Worthülsen aus der Vergangenheit
laufen nur noch ab – gebetsmühlenartig.

Gewohnheiten verselbstständigen sich.
Das Leben nimmt einen nur noch mit.

Herz und Hirn sind gefangen in sich selbst
und der Welt fremd geworden.

Klerikale Demenz: dieselben Symptome,
die gleiche Diagnose. Welche Therapie?

Löscht den Geist nicht aus!

Wer den Klerikalismus in der katholischen Kirche überwinden hilft, arbeitet deshalb mit am Mündigwerden des Gottesvolkes und am Erwachsenwerden der Christinnen und Christen. Es gilt, das im Zweiten Vatikanischen Konzil formulierte gemeinsame Priestertum weiterzuentwickeln in Richtung der Berufung und Sendung aller Getauften. Gewaltenteilung in der Kirche würde ein Aufbrechen aus einem klerikalen und autoritären, sich selbst erhaltenden und nicht kontrollierbaren System bedeuten. Dass die offizielle Kirche es hier an Aufklärung hat fehlen lassen, ja, dass sie die Umsetzung und Weiterentwicklung der Gedanken des Zweiten Vatikanischen Konzils aktiv behindert hat, lässt sich wiederum leicht an der Liturgie ablesen: Sie trägt weiterhin kultische Züge; das Amt des Gottesdienstleiters wird immer noch sakralisiert, das des Predigers an der Weihe statt an Kompetenz und Charisma festgemacht. Dass einige Bischöfe während der Corona-Krise ihre Priester aufgefordert haben, allein und stellvertretend, also ohne Gemeinde, die heilige Eucharistie zu feiern, zeigt überdeutlich, dass die Kirche auch liturgisch in den Kinderschuhen einer archaisch-magischen Religiosität steckengeblieben ist. Die Ehrfurcht vor dem Sakralen, die jeder natürlichen Religiosität innewohnt, muss im Christentum anders erreicht werden als mit der Sakralisierung der Amtsträger, denn der aufgeklärt-mystische Glaube braucht keine weiteren Mittler als Jesus Christus allein.

Stagnation

Weil die Gesinnung
dem Argument zuvorkommt,

weil das Interesse
die Erkenntnis leitet,

kommt in der Kirche
nichts voran.

Man denkt nur
so weit und so viel
man denken darf.

Wege zum erwachsenen Glauben

Wie wird man nun im Glauben erwachsen? Bei den meisten Menschen ist dies ein fließender Übergang. Ihre ganz natürliche kindliche Religiosität entwickelt sich zum erwachsenen Glauben, indem sie den ererbten Glauben zunächst rituell mitvollziehen und dann immer mehr durchdringen, verstehen und auch bejahen können. Archaische Vorstellungen schleißen sich aus, Erfahrungen mit dem Gebet und dem Gottesdienst der Gemeinde eröffnen eine persönliche Mystik, einen personalen Glauben, eine eigene Gottesbeziehung.

Aus dem kindlichen Staunen wird ein Loben und Danken. Aus dem Erschrecken über die Not anderer erwachsen die Solidarität im Fürbittgebet und das konkrete Handeln. Die alte religiöse Angst weicht dem Vertrauen, das Opfer wird durch die Hingabe ersetzt, aus dem Etwas-Geben wird ein Sich-selber-Geben, aus dem ängstlichen Kuhhandel mit Gott ein Vertrauen, das wie von selbst zu guten Taten reift. Gesetze werden auf ein waches Gewissen hin relativiert, aus dem strikten Einhalten von Regeln entsteht die eigene Verantwortung. Der erwachsene Christ lebt aus einer Haltung heraus, hat einen festen Halt, aus dem das rechte Verhalten entspringt – motiviert nicht mehr durch Pflicht und Angst, sondern durch Liebe und Vertrauen. Aus der Unterwerfung unter eine dunkle und ambivalente Gottheit wird die innere Freiheit, sich entwickeln zu dürfen, dabei auch zu scheitern und immer wieder neu anzufangen.

Viele Menschen verlieren ihre Religiosität abrupt. Dies geschieht meistens im Jugendalter, wenn auch viele andere Wertesysteme losgelassen werden. Die religiöse Sehnsucht ruht dann für eine Zeit; man wendet sich ganz innerweltlichen Erlebnisräumen zu und lässt die Kinderschuhe des Glaubens irgendwo stehen, ohne sie zu vermissen. Wessen religiöse Entwicklung im Jugendalter endet, ohne erwachsen zu werden, wird sich zeitlebens an kirchlichen Autoritäten abarbeiten und dabei möglicherweise Jesus Christus gar nicht kennenlernen; er wird vielleicht sogar Rebellion und Nachfolge verwechseln. Wessen Christsein außer der Kritik an der Amtskirche keine weitere Ausdrucksform gefunden hat, ist mit hoher Wahrscheinlichkeit in einer solchen Art spiritueller Pubertät steckengeblieben.

Wenige Menschen haben das Glück, eine wirkliche Bekehrung zu erleben. Diese entspricht dann einer ganz plötzlichen Entwicklung vom Kinder- zum Erwachsenenglauben. Bekehrung heißt im Neuen Testament *Metánoia,* was eher ein Umdenken, ein Größerdenken bedeutet als eine bloß moralische Kehrtwendung. Sie geht oft mit einer persönlichen Krise einher, deren Ausgang gedeutet und dann gläubig angenommen wird. Diese Bekehrung wird häufig als Befreiung erlebt, da man sämtliche kindlichen Gewissheiten und Geborgenheiten hinter sich lässt und gerade dadurch zu einer persönlichen, jetzt entmagisierten Gottesbeziehung findet. Man verzichtet auf die »Tröstungen der Religion« (Simone Weil) und stellt sich stattdessen den Herausforderungen des Lebens.

Eine besonders wichtige Form der Glaubensentwicklung besteht in der existenziellen Auseinandersetzung mit der Theodizeefrage. Der Umgang mit dem Leiden ist die Nagelprobe eines erwachsenen Glaubens. »Der hat noch nicht genug gelitten«, sagte eine ältere Frau über den Kaplan, der auf jede Frage eine Antwort wusste. Sie empfand sein Reden als glatt und gelernt, er hatte offenbar zu viele und zu schnelle Antworten parat. Das Fragen ist die Frömmigkeit des Denkens und der Zweifel ist der kleine Bruder des Glaubens. »Der hat noch nicht genug gelitten«: Niemand wünscht, dass ein anderer leidet. Aber erst im Leiden zeigt sich, wovon einer lebt. Wir reifen im Glauben, indem wir leiden – an uns selbst, an anderen, an Gott, den wir so oft nicht verstehen.

Jede Antwort auf die Frage »Warum gibt es das Leid?« ist unmöglich, unerträglich, geradezu zynisch. Deshalb gilt es, die Frage auszuhalten, dem »Warum« standzuhalten, ohne eine Antwort zu wissen. Dafür muss man sehr erwachsen sein. Nur ein Kind schreit sofort nach den Eltern, wenn es hingefallen ist. Erwachsene stehen selbstständig wieder auf.

Als Kinder haben wir zum lieben Gott gebetet. Als Erwachsene lesen wir die Bibel und entdecken, dass auf keiner Seite ein lieber Gott zu finden ist. Denn Gott ist lebendig, barmherzig, geheimnisvoll, gegenwärtig – aber niemals einfach nur lieb. Es gibt überhaupt keinen lieben Gott, denn Gott ist nicht lieb, sondern heilig. Das leichtfertige Reden vom lieben Gott ist Ausdruck religiöser Infantilität, die Gott nur als Kindheitserinnerung kennt. Der liebe Gott ist sprachlich und theologisch nur im Genitiv möglich: der Liebe Gott.

In archaischen Kulturen meinte man, dass Gott die Menschen prüft. Man deutete Kontingenzen als Prüfung, so als würde Gott irgendein Leid schicken, um zu sehen, wie wir damit fertig werden und ob wir dann noch zu ihm stehen. Was wäre das für ein Gott, der sich am Leiden freut? Ein solcher Gott wäre ein Sadist. Es gibt jedoch Herausforderungen, in die wir hineingeraten. Wenn wir lernen, damit umzugehen, wird die Frage nach dem Warum schon etwas kleiner. Es scheint die Frage nach dem Wozu auf: Was bedeutet das? Wie kann ich weiterleben? Muss ich umdenken?

Der christliche Glaube hilft nicht, das Leid zu *ver*stehen. Aber er kann helfen, das Leiden zu *be*stehen, in der Bewährung standzuhalten. Wer alles will, und zwar sofort, Liebe ohne Leiden, bleibt letzten Endes kindisch. Christsein heißt: einander leiden können, weil Jesus lebt. Leidensfähigkeit und Leidenschaft sind Kennzeichen eines erwachsenen Glaubens. Ohne Passion keine Passage, ohne Leidenschaft kommt keiner durch.

Der Umgang mit dem Leid bleibt immer ein Geheimnis am Rand der Verzweiflung, über das niemand den Stab brechen darf. Dennoch erscheinen mir Menschen, die vor dem Leid die Augen verschließen oder einfach weglaufen, als wenig entwicklungsbereit. Als Pfarrer begegnen mir häufig Menschen, die angesichts eines tragischen Todesfalls in der Familie mit Gott hadern. Das kann ich gut verstehen. Dass sie dann aber, obwohl sie getauft und kirchlich engagiert sind, einen Trauerredner statt ihren Pfarrer wünschen, »um dem lieben Gott eins auszuwischen, da er nicht funktioniert hat«, erscheint mir reichlich unreif. Hier werden alle unlösbaren Fragen und Kontingenzen Gott in die Schuhe geschoben; manchmal revanchiert man sich bei ihm anschließend durch den Kirchenaustritt. Ich habe

Respekt vor jeder Biografie, ich akzeptiere jede Entscheidung. Wer aber meint, die Kirche dafür bestrafen zu können, dass Gott nicht wunschgemäß funktioniert hat, zeigt doch, dass weder geistlich noch theologisch, weder existenziell noch kognitiv seit dem Kindesalter irgendeine Glaubensentwicklung stattgefunden hat.

Spiritualität und Identität

Es kommt deshalb darauf an, im Glauben erwachsen zu werden und zugleich das Geheimnis der Gotteskindschaft immer tiefer zu erfassen. Sich auch als Erwachsener am Kind zu orientieren (Mt 18,1–5) bedeutet, weiterhin mit einer Unmittelbarkeit lachen und weinen zu können, in sich zu ruhen und unruhig nachzufragen, zu staunen und zu spielen, zugleich aber das Leben bewusst in die Hand zu nehmen.

Es gilt, eine Spannung zwischen Regression und Individuation, zwischen Kindbleiben und Erwachsenwerden auszuhalten und kreativ zu füllen. Eine klassische Form der Regression besteht in der Liturgie, denn hier können wir uns fallen lassen in die Tradition, wir können anknüpfen an kindlichen Erinnerungen, wir erfahren Gemeinschaft ohne Vorleistung. Zur Liturgie aber gehört die Diakonie, denn der Glaube will nicht nur gefeiert, sondern gelebt werden. Es ist erstaunlich, dass heute, wo die Kirchen immer mehr zu gesellschaftlichen Randerscheinungen werden, der Rückzug in schöne Liturgien so fröhliche Urständ feiert. Besonders infantile Gläubige meinen sogar, ihr Gottesdienst sei eine Art Feldzug gegen das Böse, ihr Gebet sei bereits eine Tat zur Verbesserung der Welt; besonders konservative Theologen streiten sich regelmäßig und heftig um die Liturgie, als sei der rechte Ritus bereits Weltgestaltung. Damit verwechseln sie Liturgie und Diakonie. Das eine soll zum anderen führen, deshalb soll man das eine tun und das andere nicht lassen. Liturgie ohne Diakonie ist lahm, Diakonie ohne Liturgie ist blind.

Genauso gehören Stille und Kampf zusammen, Mystik und Politik, Kontemplation und Aktion, Sicherheit und Wagnis, Heimat und Aufbruch, Geborgensein und Nachfolge. Dass unsere Pfarrgemeinden oft Heimatvereinen glichen, dass man sich von der Nachbargemeinde abgrenzte, so als sei das Christentum im Dorf nebenan bereits eine andere Religion, war häufig ein Zeichen dafür, dass man zu sehr die Geborgenheit gesucht und weniger den Ruf zur Nachfolge gehört hatte.

Die Erfahrungen von Regression sind nötig, um mit kindlichem Urvertrauen mit Gott eins sein zu können; die Individuation ist nötig, damit dieses Vertrauen Gestalt gewinnt und seine weltverändernde Kraft entfalten kann. »Wer in Gott eintaucht, taucht bei den Armen wieder auf« (Paul M. Zulehner).

Der erwachsene Christ wird sein Leben einsetzen für andere; er kann sich in Gott versenken, um in der Welt aktiv zu sein. Im Bild gesprochen: Erwachsene Christen deuten das Leben mit der Bibel in der einen und der Tageszeitung in der anderen Hand, doch sie bestehen das Leben, indem sie beides ablegen und kräftig mit anpacken. Sie erfahren sich als aus dem Paradies ihrer Kindheit vertrieben; ihr Gottvertrauen ist dabei nicht haltlos geworden, denn ihre Vision ist das Reich Gottes.

Sie sind ganz gegenwärtig, wissen um ihren Ursprung und sehnen sich nach Vollendung.

Pastorale Wegmarken

Kinder brauchen Eltern, die im Glauben erwachsen sind. Denn die Kinder möchten über den Glauben der Eltern staunen und ihn als nachahmenswert erfahren. Tatsächlich gibt es heute jedoch viele kindische Erwachsene, die man an ihren tyrannischen Kindern leicht erkennen kann. Sie können keine Grenzen setzen, halten grundlegende Lebensentscheidungen nicht durch, gleichen sich einer infantilen Gesellschaft an, in der Haben mehr ist als Sein, in der alles möglich scheint und die einen gefälligst füttern soll. Diese Art von Beliebigkeit ist unerwachsen und nicht glaubwürdig.

Kindergottesdienste funktionieren häufig nach dem sogenannten Kindchenschema. Wünsche und Sehnsüchte der ehrgeizigen Eltern werden in den Nachwuchs hineinprojiziert, indem Kinder regelrecht vorgeführt, ja, niedlich gemacht werden. Die damit verbundene Vermütterung der Kirche tut niemandem gut, am wenigsten den Frauen und Müttern. Denn die religiös ohnehin weiter fernstehenden Väter stehen gelangweilt daneben. Kinder brauchen erwachsene Väter und Mütter gleichermaßen, Gemeinden brauchen Gemeindegottesdienste.

Jugendliche brauchen Eltern, die ihre Glaubenspraxis kritisch hinterfragen lassen können und ihren Glauben gerade deshalb treu durchhalten. Wenn Eltern in ihrer eigenen Glaubenstreue nachlassen, sobald ihre jugendlich gewordenen Kinder keine religiöse Neugier und dementsprechend keine Lust auf Kirche mehr haben, werden ihre Religiosität und ihr Wertesystem bald als bloßes Erziehungsmittel entlarvt und für unglaubwürdig gehalten. Wer eine Reibungsfläche bieten will, muss selber fest stehen. Junge Menschen bedürfen so lange einer guten Autorität, wie sie selbst noch keine sind; erst wenn sie sich ihrer selbst bewusstgeworden sind, gilt es, sie im wahrsten Sinne des Wortes auf die Gesellschaft loszulassen.

Kinder und Jugendliche brauchen Erzieher*innen, Lehrer*innen und Katecheten*innen, die nicht nur ihr fachliches und pädagogisches Handwerk verstehen, sondern wahrhaft Zeugen sind. Man kann auch ohne Missionsabsichten Zeuge sein, indem man zu dem steht, wer man ist und was man tut. Zeugnis geben ist besser als zu überzeugen oder gar zu überreden. Vor der konkreten Methode steht ein Beziehungsaufbau, der Vertrauen schafft und Reifungspotenziale weckt. Wer eine gesicherte Identität hat, gewinnt Ausstrahlung; wer einen festen Halt hat, dessen Haltungen werden im Verhalten und auch im Standhalten erkennbar sein.

Schließlich brauchen Christen Seelsorger (m/w/d), die der Kirche gegenüber kritisch-loyal sind, die im Gebet bleiben, die in der Bibel und in der Welt zu Hause sind, die geistlichen Tiefgang haben und deren Spiritualität am konkreten Lebenswandel erkennbar ist. Nur im Kontakt mit solchen Seelsorgern können Menschen reifen, die auf der Suche nach Gott sind; andernfalls werden sie nur Scheinautoritäten erleben, die etwas behaupten, von dem sie nichts verstehen. Wer nur den gängigen Kirchenjargon nachplappert und liturgische Formeln lieblos herunterbetet, trägt zur weiteren Infantilisierung des Gottesvolkes bei. Es gibt viele pastorale Mitarbeiter und geweihte Amtsträger, die zwar fromm reden, aber selbst im Glauben nicht gereift sind. Das Theologiestudium ist keine Garantie für einen erwachsenen Glauben, das Gelernte kann auch rein äußerlich bleiben.

Diese Bemerkung sei noch gestattet: Mein Eindruck ist, dass die katholische Kirche gerade deshalb so reformunfähig ist, weil viele ihrer leitenden Persönlichkeiten ängstlich statt mutig, müde statt vital, kindlich statt erwachsen sind, mehr Kirchenmuttersöhnchen als Männer des Glaubens. Mit Freimut sage ich: Solange Frauen von Weiheämtern ausgeschlossen sind, werden die leitenden Männer allein aufgrund ihrer wagenburgartigen Selbstbezüglichkeit nicht reif. Es ist naiv, wenn beispielsweise ein Bischof meint, Gott habe das Bischofsamt gewollt und ihm persönlich dieses Amt übertragen inklusive des darin enthaltenen Wahrheitsanspruchs. Mit solchen Gedanken kommt man nicht nur an den Rand eines verheerenden und vor allem selbstüberfordernden Vorsehungsglaubens, sondern auch in theologische Schwierigkeiten. Warum sollte Gott, der doch offenbar wenig ins Weltgeschehen eingreift, dies ausgerechnet bei der Vergabe kirchlicher Ämter tun? In Wirklichkeit, so scheint mir, haben wir es mit Amtsträgern zu tun, die im Kinderglauben steckengeblieben sind und deren geheime numinose Machtgelüste kirchlich ummantelt werden. Die aktuelle Reformdebatte zeigt, dass die Kirche als Ganze erwachsen werden muss.

Sendungsbewusstsein

»Es ist Gottes Wille, dass ich Bischof bin«,
sagte ein Bischof auf die Frage,
warum er Bischof sei.
Ob Gott sich um Kirchenämter kümmert?

Die Kirche
denkt Gott
kirchenförmig.

Wann denken Christen
die Kirche
gottesförmig?

Es geht um Freiheit

Wer als Christin oder Christ erwachsen geworden ist, hat die volle Freiheit. Er entdeckt, dass Glaube nicht ein Regelwerk ist, das man zu befolgen hat, und nicht an eine Autorität gebunden ist, der man zu gehorchen hat. Es geht um ein Selbstbewusstsein, das aus einer inneren Freiheit kommt, aus einem österlichen Glauben. Wer an Jesus Christus glaubt, hat nichts zu verlieren. Er muss nicht etwas aus sich selber machen, weil er schon jemand ist. Er hat nichts zu verlieren, weil schon alles gewonnen ist. Mehr als ein Kind Gottes kann niemand sein oder sein wollen.

Wer in Christus ist, wird ein freier Mensch. Wer österlich lebt, hat den Tod im Grunde genommen schon hinter sich. Deshalb kann er sein Leben riskieren, sich für andere einsetzen, ohne Angst haben zu müssen, dabei etwas zu verpassen oder selber zu kurz zu kommen. Aus diesem christlichen Selbstbewusstsein erwächst eine ungeahnte Freiheit; eine Freiheit, die sich hingibt, die zur selbstvergessenen Liebe wird, zur Hingabe.

Dennoch tun sich viele Christen mit der Freiheit schwer. Sie erleben sich als Gefangene in einem Regelwerk, in dem es mehr um richtiges Verhalten als um tief begründete Identität zu gehen scheint. Sie kommen häufig nicht aus sich heraus, weil sie gar nicht in sich selber wohnen. Denn wer begreift, dass er erschaffen ist – von Gott ins Leben geliebt! –, muss sich nicht mehr selbst produzieren. Wer erlöst ist, muss sich nicht mehr selbst rechtfertigen. Wer schon jemand ist, kann getrost darauf verzichten, etwas aus sich zu machen. Nur wer sich hat, kann sich geben, wie er ist – und sich hingeben. Eine gesicherte christliche Identität weckt Aufmerksamkeit, ein demütig-selbstbewusstes Christsein hat missionarische Kraft. Auch innerkirchlich hat die Freiheit in Christus Konsequenzen für den Umgang mit Macht und Autorität, mit Visionen und Strukturen. Christen könnten die freiesten Menschen der Welt sein, auch unter den Bedingungen der real existierenden Kirche.

Es geht also um Freiheit. Doch was ist das, Freiheit? Es gibt zum einen die Freiheit *von* etwas oder jemandem. Man befreit sich von ungeliebten Bindungen, von alten Gewohnheiten, von Autoritäten: Freiheit als Befreiung, als Trennung von dem, was man von vornherein ablehnt oder loswerden will. Zum andern gibt es die Freiheit *zu* etwas oder jemandem. Da hat jemand die Möglichkeit, Neues zu wagen, ein neues Leben zu beginnen: Das ist die Freiheit als Ermöglichung zum Aufbruch.

Es gibt auch eine genommene und eine geschenkte Freiheit. Einfaches Beispiel: Eine Mutter fordert ihren Sohn, der am Sonntagmorgen noch im Bett liegt, auf, mit zur Kirche zu gehen. Sie lädt ihn ein, aber sie zwingt ihn nicht. Als er nicht aufstehen will, sagt sie: »Du hast die volle Freiheit, zu glauben oder nicht.« Das ist die geschenkte Freiheit. Wenn der Sohn dann aber sagt: »Du hast mir doch die Freiheit gegeben, und allein deshalb brauche ich ja nicht mitzukommen; ich kann machen, was ich will«, dann nimmt er sich die Freiheit heraus, dann ist das eine genommene Freiheit, die ohne Argumente auskommt und beliebig bleibt. Die Mutter wollte den Sohn *zum* Glauben befreien, der Sohn jedoch hat sich nur *davon* befreien wollen. Hier wird schon deutlich: Freiheit und Verantwortung brauchen einander, und Freiheit geht nicht ohne Bindung. Die Freiheit »von« kann infantil oder pubertär bleiben, weil man Verantwortung loswerden will; die Freiheit »zu« ist erwachsen und reif, weil man Verantwortung wahrnimmt.

Eine letzte Unterscheidung ist die zwischen innerer und äußerer Freiheit. Es gibt Menschen, die man mit Freiheitsentzug bestraft hat, auch um ihre Gedanken unschädlich zu machen. Gerade solche Menschen haben oft eine unglaubliche innere Freiheit entwickelt. Denken wir etwa an Dietrich Bonhoeffer oder Nelson Mandela. Die Gedanken sind frei, aber das ist mitunter sehr anstrengend, es bedarf einer großen inneren Disziplin. Andererseits gibt es Menschen, die jede äußere Freiheit haben und doch innerlich ganz gefangen sind, nicht zu sich selbst finden, nicht zu anderen, nicht zu Gott.

Am treffendsten hat es Matthias Claudius gesagt: »Der ist nicht frei, der da will tun können, was er will, sondern der ist frei, der da wollen kann, was er soll.« Anders gesagt: Nicht der ist frei, der tun und lassen kann, was er will, sondern der ist frei, der wollen kann, was er soll. Also derjenige, der in aller Freiheit seine Verantwortung wahrnimmt. Freiheit, die mir geschenkt wird, ist Gnade. Freiheit, die ich mir (heraus-)nehme, ist Willkür. Erlösung ist geschenkte Freiheit aus Liebe. Glauben ist das Annehmen der Freiheit, die zur Liebe wird.

Kindlich, nicht kindisch

Wir sind Kinder Gottes, das ist leicht gesagt. Und es wird *oft* gesagt in der Kirche, es ist zur Floskel geworden. Manchmal wird es sogar missbraucht, um kindlichen Gehorsam zu erzwingen. Aber ahnen wir überhaupt, was Kindsein im Sinne Jesu bedeutet? Wenn ein Kind auf die Welt kommt, dann wissen die Eltern noch nicht viel von ihm. Sie wissen, ob es ein Junge oder ein Mädchen ist. Sie wissen, welchen Namen sie ausgesucht haben, dass es schreit und Hunger hat und die Windeln vollmacht. Ziemlich wenig wissen Eltern von ihrem neugeborenen Kind. Und doch lieben sie es über alles, sie würden alles dafür geben, sogar ihr eigenes Leben. Kindsein heißt: Geliebt sein um meiner selbst willen, weil es mich gibt, und nicht, weil ich gut und nützlich bin.

Ich komme noch einmal auf das Gleichnis vom barmherzigen Vater zurück, eine der wichtigsten Freiheitsgeschichten der Bibel (Lk 15,11–32) und für mich das wichtigste Gleichnis der gesamten Bibel. Es ist die Geschichte zweier Kinder, des verlorenen Sohnes und seines beleidigten Bruders. Sie beide haben einen barmherzigen Vater, und so heißt das Gleichnis ja auch. Es ist so wichtig, weil Jesus hier originell und originär von Gott spricht und Ernst damit macht, dass wir geliebt sind ohne Bedingung, um unserer selbst willen, eben als Kinder des einen Vaters.

Der jüngere Sohn will Freiheit. Das Besondere ist: Der Vater lässt sie ihm, er hält ihn nicht fest, er lässt ihn gehen. Er schenkt ihm die erbetene Freiheit »von«. Heruntergekommen bis zum Schweinetrog, kehrt der verlorene Sohn um. Immerhin weiß er noch, dass er ein Zuhause hat. Zwar meint er, alle Sohnesrechte verloren zu haben: Er will Knecht sein, Tagelöhner. Aber immerhin: Für seine Umkehr kennt er die Richtung: zurück nach Hause! Dort wird das große Fest gefeiert. Der Vater interessiert sich nicht für die Vergangenheit. Er fragt nicht: »Wie konnte es nur so weit kommen?« Oder: »Wo bist du nur gewesen?« Oder: »Ich hab's doch immer gewusst!« Nein, er macht keine Vorhaltungen, er hält ihm nichts nach, er will überhaupt nichts wissen, er feiert ein Fest. Was der Sohn zu sagen sich am Schweinetrog vorgenommen hatte (»Mach mich zu einem deiner Tagelöhner«), das bringt er in den Armen seines Vaters gar nicht mehr heraus. Die Versöhnung geschieht vorher, der Vater lässt die Selbsterniedrigung seines Sohnes gar nicht erst zu. Einmal Kind, immer Kind, bedingungslos und leistungsfrei geliebt sein.

Ich finde es bemerkenswert, dass Jesus an keiner Stelle des Neuen Testaments so etwas wie Reue fordert, so etwas wie demütige Zerknirschung; für ihn ist Versöhnung ein fröhlicher Vorgang, ein freudiges Ereignis.

Doch der ältere Sohn ist beleidigt. Neidisch schielt er auf den Versagerbruder: Nun kriegt dieser Mistkerl sogar noch ein Fest! Was war mit diesem Sohn passiert? Ganz einfach: Er hatte vergessen, dass er Kind ist. Er war die ganze Zeit beim Vater, aber es hat ihn nicht mehr berührt. Deshalb sagt der Vater zu ihm: »Mein Kind, du bist immer bei mir, und alles, was mein ist, ist auch dein.« Der ältere, gehorsame Sohn hätte sich das begehrte Mastkalb einfach nehmen können. Er hatte die geschenkte Freiheit und Liebe seines Vaters einfach vergessen oder auch verdrängt. Er wusste nicht mehr, dass er ein geliebtes Kind ist, es bedeutete ihm scheinbar immer weniger. Stattdessen hielt er sich an die vorgegebene Ordnung. Interessant ist, dass er seinem Bruder vorwirft, er habe sich mit Dirnen abgegeben. Davon ist vorher im Gleichnis überhaupt nicht die Rede. Es scheint zum Kennzeichen der Korrekten, Selbstgerechten und Frommen zu gehören, sich die Sünden der anderen immer genau auszumalen, besonders die sexuellen Sünden. An solchen Stellen merkt man immer, wie verklemmt manche von den Braven und Ordentlichen sind, wie sehr sie sich nach Freiheit sehnen und dass der Grund ihrer Unfreiheit häufig der Neid auf andere ist.

Der verlorene Sohn hatte schwer gesündigt. Aber er wusste noch, dass er Kind ist und ein Zuhause hat. Der beleidigte Bruder hatte scheinbar alles richtig gemacht. Aber er hatte vergessen, dass er Kind ist. Beide haben einen barmherzigen Vater, der für beide das Richtige tut: Der eine bekommt ein Fest, der andere eine feste Zusage. Beide sollen nicht vergessen: Wir sind Kinder des einen Vaters. Beiden schenkt er die Freiheit »zu«. Gott lässt uns jede Freiheit. Auch die Freiheit, von ihm wegzugehen, uns von ihm abzusondern, zu sündigen. Gott lässt uns die Freiheit »von«, aber er befreit uns zur Freiheit »zu«. Immer aber bleibt er unser Vater, daran ändern wir nichts. Wer umkehrt, wird festlich empfangen. Die meisten treuen und braven Christen sind wohl wie der beleidigte Bruder: Sie vergessen, wer sie sind, und gönnen Gott seine Güte nicht. Sie leben immer bei ihm, aber sie wissen es nicht recht zu schätzen, es bedeutet ihnen oft wenig.

Paulus sagt: »Ihr habt nicht einen Geist der Sklaverei empfangen, so dass ihr wieder Angst haben müsstet, sondern ihr habt einen Geist der Kindschaft empfangen, in dem wir rufen: ›Abba, lieber Vater!‹« (2 Tim 1,7). Augustinus hat diesen Vers so kommentiert: »Die Furcht des Sklaven ist, dass der Hausherr kommt; die Furcht des Kindes ist, dass der Vater geht.« Viele Christen sehen sich nicht als Kinder des einen Vaters, dessen Nähe sie nicht missen möchten; sie haben vielmehr Angst vor ihm. Zeitlebens bleiben sie Sklaven ihrer Angst. Ich nenne das den christlichen Aberglauben. Es gibt Glaubensgeschwister, für die ist Gott nicht der barmherzige Vater, von dem Jesus spricht, sondern ein Kapitalist, der aufrechnet und am Ende auszahlt, was wir vor ihm geleistet haben.

Das ist Aberglaube mit christlichem Gesicht: Aus Angst vor Gott, dem Richter und womöglich Henker, versuchen sie, sich durch Frömmigkeit und gute Taten abzusichern. Dieser christliche Aberglaube bringt immer neue, misstrauische Fragen hervor: »Ja, ich glaube, dass Gott mich in Jesus Christus erlöst hat, aber habe ich mich auch schon richtig dafür entschieden?« – »Ja, ich glaube, dass Gott in Jesus Christus alles für mich getan hat, aber muss ich mich jetzt nicht durch Frömmigkeit und gute Taten bei ihm revanchieren?« – »Ja, ich glaube, dass Gottes Gnade ein unverdientes Geschenk für mich ist, aber ganz umsonst gibt es nichts im Leben. Die Sache muss einen Haken haben.« – »Ja, ich glaube, dass mir der Himmel schon in der Taufe geschenkt ist, aber meine Höllenangst ist einfach größer, man weiß ja nie.« Auf das vorbehaltlose Ja Gottes zum Menschen antwortet der christliche Aberglaube immer wieder mit »Ja, aber …«.

Gibt es vielleicht deswegen so viele freudlose, ängstliche und von daher wenig überzeugende Christen, weil wir Gottes Gnade und Liebe nicht über den Weg trauen? Gibt es deswegen so viele Christen, die Probleme mit ihrem Selbstbewusstsein haben, die sich selber nicht bejahen können, weil sie meinen, vor Gott nicht zu genügen? Weil sie das Gefühl haben, dass ihre Lebensleistung einer späteren Beurteilung nicht standhält? Wir sind doch Kinder Gottes, nur Gott kann uns sagen: Du bist angenommen, geliebt und wertvoll, so wie du bist, mit deinen Stärken und Schwächen, mit deinen Erfolgen und Fehlern. Nicht, was du selber aus deinem Leben machst, ist entscheidend, sondern dass Gott dir dieses Leben geschenkt und dich erlöst hat zum ewigen Leben.

Noch ein paar ergänzende Gedanken zum Gleichnis vom barmherzigen Vater. Der verlorene Sohn steht für die Freiheit, der beleidigte Bruder für die Ordnung. Beide brauchen einander. Der jüngere Sohn ist wie jeder moderne Atheist: Er hat den Tod des Vaters bereits antizipiert, vorweggenommen, indem er sich das Erbe hat auszahlen lassen. Auch Atheisten – allen voran Friedrich Nietzsche – sprechen vom Tod Gottes. Der ältere Sohn ist wie die frommen Kirchentreuen: Sie erhalten die Ordnung aufrecht, aber manchmal ohne Liebe, ohne Freude und Begeisterung. Wer sich Gottes Freiheit schenken lässt, lebt nicht mehr aus Angst, sondern aus Liebe. Legen wir also unseren Aberglauben ab, dieses Misstrauen gegenüber Gott, das uns klein und ängstlich macht. Legen wir den Aberglauben ab, lassen wir uns befreien zum Abba-Glauben Jesu Christi. Ein falsch verstandenes Kindsein führt zum Aber-Glauben: die alte Angst vor Gott, die einen klein macht, regressiv. Ein recht verstandenes Kindsein führt zum Abba-Glauben: Gott, der mich einlädt, der mich befreit, mit dem ich wachsen und reifen kann.

Österlich leben

Wer aus der Kraft der Auferstehung lebt, hat die wahre Freiheit gewonnen. Denn er weiß, dass er nicht scheitern kann und deshalb nichts zu verlieren hat. Dazu möchte ich eine Begebenheit aus meiner Gemeinde erzählen:

Eine sehr alte Frau lässt nach mir rufen. Ich kenne sie gut, sie ist gläubig und hat zeitlebens in der Gemeinde mitgemacht. Deshalb kann ich mit ihr auch ganz offen sprechen. Sie weiß, dass sie in Kürze sterben wird, ist aber geistig noch ganz präsent, hellwach. »Herr Pfarrer«, fragt sie mich, »habe ich im Leben wohl genug Gutes getan, damit ich jetzt in den Himmel komme?« – »Nein«, ist meine spontane Antwort. Bei vielen anderen hätte ich ganz sicher »Ja« gesagt, allein der Beruhigung wegen. Man sollte keine Diskussionen mehr führen, wenn die letzte Stunde geschlagen hat, keine Unsicherheiten verbreiten. Doch bei dieser Frau weiß ich, dass sie meinen Gedankengang versteht.

»Habe ich wohl genug Gutes getan?«, fragt die Frau. »Nein!« Ich darf ein klares Nein sagen. Denn im Grunde genommen weiß die alte Frau: Christen fragen gar nicht danach, ob sie wohl zu Gott kommen. Denn Gott ist zu den Menschen gekommen in Jesus Christus. Niemand muss sich deshalb den Himmel verdienen, er ist offen. Dafür stehen der Tod und die Auferstehung Jesu Christi. Wir kommen also wirklich »alle in den Himmel«, wie der alte Schlager singt. Aber nicht, »weil wir so brav sind«, das sind wir ja gar nicht, und das wäre ja auch viel zu wenig und viel zu billig. Sondern weil Jesus Christus unser Erlöser und Heiland ist. Nur deshalb! Ich tue das Gute, weil Gott mich zuerst geliebt hat, also aus Dankbarkeit, und nicht, um mir dadurch irgendetwas zu verdienen.

Ich kenne viele Leute, die sagen: »Wenn ja doch alle erlöst sind, dann ist es ja egal, was ich tue. Dann kann ich ja einfach so drauflosleben.« Ich verstehe diesen Einwand, doch er ist falsch. Schon unter uns Menschen gilt: Wer geliebt wird, tut das Gute nicht mehr nur aus Pflicht, schon gar nicht aus Angst, sondern aus Liebe. Und das ist viel mehr, denn Liebe bringt Größeres hervor als Pflicht und Angst. So ist auch Gott kein Sadist, der uns im Leben testet, und kein Lohnbuchhalter, der nur zusammenrechnet, was wir bei ihm eingezahlt haben. Er ist die Liebe, die sich für uns hingibt. Er hat uns erlöst von der Last, uns selbst bei ihm beliebt machen zu müssen. Das heißt: Ich habe nichts zu verlieren, ich kann mein Leben einsetzen für andere, ohne Angst haben zu müssen, dabei etwas zu verpassen.

Wenn das so ist, dann kommt es nicht mehr darauf an, alles im Leben richtig zu machen. Und sich womöglich dadurch bei Gott absichern zu wollen. Sondern es kommt darauf an, etwas zu wagen. Wer Christus nachfolgt, kann zuversichtlich sein, voller Hoffnung. Und braucht deshalb keine Angst zu haben, nicht einmal vor dem Tod. Die alte Frau ist kurz nach unserem Gespräch gestorben. Ganz ruhig, als wenn sie selig eingeschlafen wäre. Wir haben noch gemeinsam gebetet: zu Jesus Christus, unserem Erlöser.

Im Hintergrund steht die sogenannte Rechtfertigungslehre: Der Mensch wird von Gott gerecht gemacht, ohne die Werke des Gesetzes, allein aus dem Glauben an Jesus Christus (Röm 3,21–22). Das bedeutet: Gott liebt mich bedingungslos und ohne Vorleistung. Er schenkt mir seine Liebe ganz umsonst, aber eben nicht vergeblich: Denn das Geschenk der Erlösung, der unverdienten Gnade, ruft nach einer Antwort im Leben hier und jetzt. Der Himmel ist nicht die Rendite eines moralisch einwandfreien Lebens, sondern die Konsequenz dessen, dass Gott mir in Jesus Christus seine ganze Liebe geschenkt hat. Diesen Glauben konnte ich mit der alten Frau teilen. Sie ist gestorben in dem Bewusstsein: Ich sterbe in Gott hinein; er liebt mich, nicht weil *ich* gut bin, sondern weil *er* gut ist. So weit diese Begebenheit aus der Gemeinde.

Österlich leben heißt nicht, Kreuz und Leiden auszublenden. Das darf es auf keinen Fall bedeuten, denn dann würde aus dem Christentum ein Siegermythos. Ich finde es immer wieder sehr gut, dass unser Zeichen das Kreuz ist und nicht etwa der verklärte Christus. Und das nicht etwa deshalb, weil man den verklärten Christus nicht so gut darstellen kann wie das Kreuz. Sondern weil das Kreuz auch für das Unerklärliche, Geheimnisvolle, Paradoxe des Glaubens steht; für das Ärgernis und die Torheit, von der Paulus spricht. »Ich bin zu euch gekommen«, sagt der Apostel, »um nichts zu wissen außer Christus, und zwar als den Gekreuzigten« (1 Kor 2,2). Gerade der Apostel des Kreuzes ist der große Anwalt der Freiheit: Gnade vor Recht, Erlösung statt Gesetz.

Das Zeichen der Christen ist das Kreuz, und das hat seinen Grund. Wir alle sind aufgerufen, die Geschichte des Kreuzes weiterzuschreiben. Auferstehung geschieht, wenn wir österlich leben, wenn wir also mit Christus auferstehen, indem wir Leiden bekämpfen, mittragen oder annehmen, je nachdem. Auferstehung zeigt sich in unserer Liebe und Hingabe, im Gebrauch unserer Freiheit, in der Verantwortung, die wir füreinander übernehmen. Das Kreuz, zu dem wir aufschauen, ist eine Aufforderung zum österlichen Leben hier und jetzt.

Denn die Liebe, zu der wir befreit sind, bringt Größeres hervor als Pflicht und Angst. Liebe macht frei. Gott hat mir alles gegeben, was er hat: sich selbst in seinem Sohn. Deshalb gebe auch ich nicht nur *etwas,* sondern *mich selbst.* Mit einem Wort: Ich liebe! Dazu bin ich befreit, erlöst. Ich muss keine Angst mehr um mich selbst haben. Ich muss das Leben nicht auspressen wie eine Zitrone, um auch ja nichts zu verpassen. Ich kann gelassen sein im Vorletzten, weil ich geborgen bin im Letzten. Ich muss mich nicht selbst produzieren, weil ich schon erschaffen bin. Ich muss mich nicht ängstlich rechtfertigen, weil ich gerechtfertigt bin.

Das heißt: Wir haben alle nichts zu verlieren. Die Auferstehung Jesu macht uns frei für den Blick auf den Nächsten. Für aufrichtiges Mitleid. Für einen realistischen Blick auf die Welt. Wir dürfen mutig sein und brauchen keine Angst zu haben. Keine Angst um uns selbst, keine Angst vor Menschen, keine

Angst vor Gott. Wir lieben nicht, um gerettet zu werden, sondern: Weil wir gerettet sind, lieben wir umso mehr. Das ist sehr erwachsen, das ist ein reifer Glaube.

Johann Baptist Metz nennt das die »Mystik der offenen Augen«, eine politische Mystik. Österliches Leben gibt es nicht am Anderen vorbei. Und dieser andere ist für Metz stets der leidende Andere. Denn die Geschichte des Menschen ist keine Siegergeschichte, sondern vielmehr eine Passionsgeschichte. Das Tun des Gerechten, die Nachfolge Jesu Christi ist die Konsequenz erlösten Lebens. In der Zeit des volkskirchlichen Einerleis wurde das Christentum häufig nur als Erziehungsmittel benutzt. Regeln waren da wichtiger als Freiheit, Tradition galt mehr als persönlicher Glaube. Wir haben Rituale gelernt, aber haben wir auch Erlösung gefeiert? Wir haben Gebote gehalten, aber haben wir auch geliebt? Wir haben uns in ein Regelwerk eingefügt, aber sind wir dabei auch frei geworden?

Angstmacher, Zeigefingerheber und Moralapostel jedenfalls haben das Christentum nicht verstanden. Sie predigen eine Religion ohne Christus, sie predigen eine Hoffnung ohne Erlösung und einen Glauben ohne Liebe. Franz Kamphaus schrieb sinngemäß in seiner Homiletik-Dissertation aus den 1960er-Jahren: »Die Prediger haben zwar alle Theologie studiert, aber die meisten von ihnen predigen Kinderglauben.« Die Freiheit des Glaubens, die Freude der Erlösung wurde oft deshalb nicht gepredigt, weil man meinte, die Leute könnten mit Freiheit gar nichts anfangen, sie bräuchten vielmehr Autorität. Herausgekommen ist dabei eine griesgrämige Religion, nicht das Christentum; ein Glaube als Versicherung fürs Jenseits, nicht als Lebensprogramm. Langeweile, Pflichterfüllung, halbherzige fromme Folklore mit fortlaufendem Erfolg.

Österlich leben, das meint die Praxis der selbstvergessenen Liebe. Ich denke hier noch einmal an die Gerichtsrede im 25. Kapitel des Matthäusevangeliums. Noch vor wenigen Jahrzehnten wurde mit dem »Strenger Richter aller Sünder« Angst gemacht. Im Evangelium scheidet der endzeitliche Richter die Schafe von den Böcken. Die Pointe ist aber nicht, dass es Sieger und Verlierer gibt, Lohn und Strafe, Himmel und Hölle. Sondern die Pointe besteht in der erstaunten Frage der Gerechten: »Herr, wann haben wir dich hungrig oder nackt gesehen, wann haben wir dich besucht?« (Mt 25,37–39) Die Gerechten haben also nicht einmal gewusst, dass sie es für Jesus getan haben, sie haben es einfach um der Menschen willen getan. Das ist die selbstvergessene Liebe, die nicht berechnet, sondern einfach menschlich handelt.

Oder ich denke noch einmal an das Gleichnis von den Arbeitern im Weinberg (Mt 20,1–16). Sie bekommen alle den gleichen Lohn – einen Denar –, obwohl einige zwölf und andere nur eine Stunde gearbeitet haben. Mit anderen Worten: Wir bekommen alle denselben Himmel geschenkt, dasselbe Leben in Gott. Den Unterschied macht also nicht Gott, den Unterschied machen allein wir: Die einen haben ihr ganzes Leben wohlverbracht, haben es für Gott und die Menschen eingesetzt. Die anderen haben ihr Leben vertan und untätig herumgesessen. Aber dennoch wird allen derselbe Himmel beschert. Auch dieses Gleichnis will ermutigen, nicht auf himmlischen Lohn zu schielen, sondern selbstvergessen zu lieben, ohne Berechnung, dafür aber mit vollem Einsatz. Hingabe und Liebe verwandeln die Welt.

Ein letztes Beispiel: das Hohelied der Liebe aus dem Ersten Korintherbrief (1 Kor 13,1–13). Meistens wird es für Trauungen gebraucht, weil das Wort Liebe so oft darin vorkommt. Dabei geht es nicht um Eros, die leidenschaftliche Liebe, sondern um Agape, also um die Liebe als Hingabe an den Nächsten. Am Schluss heißt es: »Für jetzt bleiben Glaube, Hoffnung, Liebe, diese drei; doch am größten unter ihnen ist die Liebe.« Ausgerechnet Paulus, der große Theologe, stellt die Liebe über den Glauben, denn auch der tiefste Glaube ohne Liebe verkommt zum hartherzigen Fanatismus. Die Liebe ist das Korrektiv für den Glauben. Österlich leben bedeutet Hingabe aneinander ohne Nebenabsichten, bedeutet die Praxis der selbstvergessenen Liebe.

Buße und Beichte

Das Bußsakrament hat eine lange Geschichte hinter sich. In der frühen Kirche wurden schwere Sünder aus der Gemeinde ausgeschlossen, exkommuniziert. Nach einer Zeit der Buße – häufig mit hohen Auflagen – wurde man wieder in die Gemeinde aufgenommen. Diese Wiederaufnahme nannte man Rekonziliation. So heißt heute noch die Wiederaufnahme eines Katholiken nach seinem Kirchenaustritt. Diese Rekonziliation war nur einmal im Leben möglich.

Das empfanden die Mönche des Frühmittelalters als zu hart. Sie erfanden die Ohrenbeichte mit Tarifbuße: Darin war genau festgelegt, welche Bußstrafen für welche Sünden abzuleisten waren. Diese Form der Beichte war immer wieder möglich. Doch die dazugehörenden Bußstrafen waren so hoch, dass man bald anfing, diese zu verrechnen. Das hat dann – über den Weg eines gedachten Kirchenschatzes (thesaurus ecclesiae) – zum Ablass geführt, der eigentlich als Zeichen der Solidarität gedacht war, jedoch bald missverstanden wurde: »Wenn das Geld im Kasten klingt, die Seele aus dem Feuer springt.«

Eigentlich ist die Ohrenbeichte eine prima Erfindung. Sie geht davon aus, dass wir immer wieder schuldig werden. Sie macht eine Begegnung möglich, sie stellt von vornherein einen Rahmen dar für seelsorgliche Begleitung. Das Wort, das einem hilft, kann man sich nicht selber sagen. Doch bald geriet die Ohrenbeichte zur Karikatur. Sie wurde als Erziehungsmittel benutzt. Man zählte Sünden auf, die man gar nicht begangen hatte, allein um dem Ritus Genüge zu tun. Man musste ja beichten, um kommunizieren zu dürfen. So geriet die Beichte zum Tummelplatz von Skrupeln und Skrupulanten. Jeder normale Gemeindeseelsorger macht die Erfahrung, dass die regelmäßig im Beichtstuhl Beichtenden häufig psychische Auffälligkeiten haben, während diejenigen, die zu einem nach Hause zum geistlichen Gespräch kommen, in der Regel sehr gut über ihren Weg mit Gott reflektieren können.

Der eigentliche Beichtknick kam 1968 mit der Enzyklika »Humanae vitae«: Die kirchliche Sexualmoral wurde als entmündigend erlebt, die Beichte als Demütigung. Mangelndes Zutrauen in die Gewissensentscheidung Einzelner machte die kirchliche Sexualmoral zu einer Unterleibstheologie, die mehr über die Phantasien ihrer Urheber verriet, als dass sie irgendwem wirklich geholfen hätte. Der verengte Naturrechtsbegriff, der dieser Sexualmoral zugrunde lag, gilt heute als humanwissenschaftlich überholt.

Den Grund für die Krise des Bußsakraments sehe ich nicht nur in der geschilderten Entwicklung, sondern in der falschen Gewichtung zwischen Identität (»Wer bin ich?«) und Verhalten (»Was tue ich?«). Wenn man in der Beichte Sünden aufzählt und diese dann anschließend via Lossprechung »glattgebügelt« werden, die »weiße Weste« wieder weiß wird, dann verengt man die Beichte auf die Korrektur moralischen Verhaltens. Das Kreuz der Absolution wird zum moralischen Zeigefinger.

Und dabei will die Beichte unsere christliche Identität stärken. Im Bußsakrament geht es nicht um das Ausbügeln von Fehlverhalten, sondern um den Zuspruch von Identität: Du bist und bleibst, auch wenn du gesündigt hast, ein Kind Gottes! Du bist geliebt um deiner selbst willen, ohne Rücksicht auf Leistung und Erfolg. Buße und Beichte haben mit Identität zu tun; mit der Zusage, wer ich vor Gott bin und sein darf. Spiritualität ist im Grunde genommen die Zusage einer solchen Identität. Seelsorger ist, wer mir sagen kann, wer ich bin, wenn ich es vergessen habe. Erst auf einer unteren Verstehens- und Erfahrungsebene wirken sich Spiritualität und Identität auf unser Verhalten aus, aber dann beinahe wie von selbst.

Man kann es noch klarer sagen: Mein Verhalten kann richtig oder falsch sein. Es kommt aber aus bestimmten Haltungen. Und diese Haltungen werden geprägt durch meinen Halt im Leben. Wenn wir das Verhalten kritisieren, ändern wir auch nur das Verhalten. Wir müssen die Haltungen eines Menschen stärken, indem wir ihm zusagen, dass Gott sein Halt im Leben ist. Das Verhalten eines Menschen kritisieren können auch die Polizei oder die Justiz. Christen sollten ihr Augenmerk deshalb auf den Halt eines Menschen richten, um seine Haltungen zu prägen und von daher sein Verhalten zu ändern. Die moralinsaure Karikatur-Beichte, von der ich sprach, hat also nicht hoch genug angesetzt und wurde damit überflüssig. Eine neue Beichtpraxis muss bei der Identität eines Menschen, bei Haltungen und Halt ansetzen – und zwar positiv, wertschätzend, als Zuspruch (Spiritualität) und als Anspruch (Solidarität).

Hierarchie

Eine ehemalige Ordensfrau war von wirklicher, großer Liebe zu Jesus erfüllt und ist es heute noch. Sie hat deutlich gespürt, wie sehr Jesus sie liebt. Sie konnte mit ihm reden wie mit einem Freund, ihm alles anvertrauen, ihm alles sagen, ihm zuhören. Darüber hinaus war sie überaus kirchlich, konnte sich einordnen in das Ganze der Kirche. Doch im Laufe ihres Ordenslebens musste sie feststellen: Der Orden stellte sich zwischen sie und Jesus. Obere nahmen sich wichtig, wurden autoritär, nahmen ihr jede Lebensfreude. Ein Gehorsamsverständnis, das nicht an der Identität und Entwicklung der Ordensmitglieder interessiert war, sondern daran, dass sie funktionierten. Viele Mitschwestern waren dadurch nicht gereift, sondern infantil geblieben, weil sie nur noch auf Lohn und Strafe, auf Zuwendung und Liebesentzug reagierten. So etwas nennt man wohl Dressur. Und dabei gilt: Ich muss erst jemand sein, ein Subjekt, um in Christus sein zu können; ich muss mich selbst erst besitzen, um mich dann verschenken zu können. Christus nimmt mich an, wie ich bin; daran kann ich wachsen und werden, daran kann ich Subjekt werden.

In den meisten christlichen Gemeinschaften gilt: Die gestellten Aufgaben werden sehr gut erledigt. Doch nicht an den Aufgaben, die wir bewältigen, wird klar, ob wir Christus lieben, sondern allein an unserer Gemeinschafts- und Beziehungsfähigkeit. Beruflich kriegen wir unsere Berufung hin, ohne Probleme. Aber menschlich? Ob wir andere wertschätzen, ob wir ihnen Platz machen können, das kommt aus unserer inneren Freiheit. Gottes Pastoral ist Freiheit, unser Umgang miteinander jedoch ist oft totalitär; wir selbst sind oft darin gefangen, andere zu betreuen, statt sie zu befreien, sie zu bevormunden, statt ihnen Mündigkeit zuzutrauen, sie abhängig zu halten, statt uns an ihrer Selbstständigkeit zu freuen.

Glauben heißt begreifen, wie sehr Christus mich liebt, und darauf antworten, daraus leben. Viele kirchliche Gemeinschaften haben über lange Zeit nicht auf Subjektwerdung hingearbeitet, sondern auf Ein- und Unterordnung. Dabei herausgekommen sind Menschen, die zwar nach außen ihre Frau oder ihren Mann stehen, aber innerlich ganz verhuscht und unsicher wirken. Autorität jedoch kommt von lateinisch »augere«, großmachen. Autoritäten, die selbst aus der geschenkten Freiheit leben, machen die ihnen Anvertrauten groß. Als Pfarrer versuche ich das, vor allem durch ein wertschätzendes Miteinander im Pastoralteam. Ich versuche, jemand zu sein, in dessen Gegenwart niemand kleingemacht werden kann. Häufig jedoch wird autoritär gehandelt; Autoritarismus kommt meistens aus einer ganz tiefsitzenden Angst, nicht zu genügen; aus der Angst, jemand könnte mir hinter meine Karten schauen; aus tiefsitzenden Minderwertigkeitsgefühlen. Davon sind viele betroffen, Obere und Untere, der Papst und die Oma, der Arbeiter und der Chef.

Ich könnte viel davon erzählen, weil diese unreifen Strukturen, die zu eitlem Machtgehabe einerseits und zu infantilem Gehorsam andererseits führen, auch und gerade in der Hierarchie der Kirche gut funktionieren. Ein Gemisch aus Bevormundung und Entmündigung, aus Autoritarismus und Infantilismus, aus Macht und Angst, das man nicht anders als totalitär nennen kann, weil es religiös verbrämt wird. Strukturen werden sakralisiert, sodass die Betroffenen häufig nicht einmal merken, dass sie darunter leiden. Eine solche Struktur ist letztendlich auf Angst aufgebaut; eine Ellenbogen- und Günstlingswirtschaft, die eigenes Denken fast unmöglich macht. Wer mitspielt – ob aus ahnungsloser Frömmigkeit oder aus berechnendem Karrierismus –, kann dabei sein Rückgrat verlieren, wenn nicht gar seinen Glauben. Gefördert werden Ja-Sager, nicht aber Menschen mit Zivilcourage und Rückgrat.

Ein Gutteil unseres kirchlichen Denkens ist von einem fast archaischen Amtsverständnis geprägt, das einem suggeriert, hohe Amtsträger wüssten mehr von Gott als andere Menschen und hätten deshalb das Recht, eine bestimmte Art von kindlichem Gehorsam zu fordern. Der Soziologe Franz-Xaver Kaufmann spricht in diesem Zusammenhang von einer »pathogenen Hierarchie«, die Leid hervorbringt, ohne dies selbst noch zu merken: eine Hierarchie, die reformunfähig ist und nicht bereit, zu lernen.

Wir brauchen eine Kirche, die, wie Paulus sagt, ein Leib aus vielen Gliedern ist (1 Kor 12,12–30): Wir brauchen die Füße, die fest in der Tradition stehen, die Ohren, die genau hinhören, die Augen, die vorausschauen. Paulus denkt sich die Gemeinde als Organismus, nicht als Organisation! Doch das alles wird in autoritären Systemen nicht wertgeschätzt, vielmehr gilt nur das als richtig, was die Leitungsebene denkt. Wer weiterkommen will, muss sich dieser Leitungsebene andienen. So entsteht das für absolutistische Systeme typische Schranzentum – innerkirchlich: Klerikalismus und Karrierismus. Das sogenannte römische System ist geprägt von einer stark verrechtlichten Theologie, also von einem juristischen Denken, bei dem man sich manchmal fragt, wie viel Jesus wohl noch in die Kirche hineinpasst. Mehr Demut und Bescheidenheit in der Gottesrede, etwa im Sinne der beschriebenen Negativen Theologie, täte unserer Kirche in allen Bereichen gut: Wir wissen von Gott nur wenig, können von ihm nur in Bildern sprechen; es ist mehr ein Nichtwissen als ein Wissen, mehr Mystik als Dogma, mehr Entgrenzung als Eingrenzung.

Auf jeden Fall gilt: An der Kirchenkrise ist nicht nur die vielbeschworene Gotteskrise schuld, sondern auch die innerkirchlichen Strukturen, weil sie undurchsichtig sind, sich als nicht lernfähig erwiesen haben oder weil sie keine Freiheit ausstrahlen, keine Freiheit ermöglichen. Kein Wunder, dass sich viele kritische Zeitgenossen davon befreien wollen, weil sie die geschenkte Freiheit des Evangeliums, die Freiheit »zu«, in der Kirche gar nicht mehr entdecken können.

Die ehemalige Ordensfrau hatte all dies erlebt und erlitten. Es zeigt sich im konkreten Alltag nicht nur in Neid und Eifersucht, sondern auch in einer bestimmten subtilen Förderung infantiler Bigotterie: Man beweist sich gegenseitig sein Frommsein, indem man das Spielchen »Wer hat am meisten zu sagen?« oder auch »Wer hat bei den Oberen die besseren Karten?« mitspielt. Man gilt als besonders spirituell, wenn man ungewöhnlich betulich daherkommt. Wie einfach das ist, zeigt der leichtfertige Gebrauch des Adjektivs »geistlich«. Bei dem Wort »geistlich« muss man nämlich gut aufpassen, denn es wird in letzter Zeit häufig, beinahe inflationär benutzt, um ein Vorhaben oder eine Autorität irgendwie unangreifbar zu machen. So werden Meinungen und Autoritäten vor Kritik geschützt: Wer hinterher nicht hundertprozentig zustimmt, ist eben nicht »geistlich« genug. Das Adjektiv »geistlich« führt damit faktisch zu einem innerkirchlichen Widerspruchsverbot. »Man muss das geistlich sehen« heißt dann so viel wie: »Bitte keine weiteren Fragen, die Diskussion ist beendet!« So wird aus »geistlich« geradezu eine Selbst-Immunisierung der Kirche gegen den Geist Gottes, ein subtiler Gehorsams- und Stillhalte-Appell seitens der Autorität. Wer nicht spurt, wird als oberflächlich diffamiert, eine andere Spielart des Illoyalitätsverdachts. So etwas tut weh, vor allem, wenn man es ehrlich meint, wenn man kritisch-loyal ist und sich ganz und gar für seine Kirche oder seinen Orden eingesetzt hat. So werden Reformer, die wir so dringend brauchen, mundtot und mutlos gemacht. Konstruktive Kritik wird nicht gewürdigt; stattdessen gibt es einen administrativ verordneten Optimismus, der ungefähr so lautet: »Nicht der Apparat muss sich ändern, wir alle müssen uns ändern, wir müssen geistlicher werden!« Mit solchen Aussagen wird jede Kritik vom Tisch gefegt, und den Kritikern wird eingeredet, sie seien nicht fromm genug oder sie liebten zu wenig.

Die Schwester musste aus dem Orden austreten, um weiter bei Jesus sein zu können, um seine Freiheit, die zur Liebe wird, zu leben. Wenn christliche Gemeinschaften die Freiheit unterdrücken, drängen sie sich zwischen Jesus und ihre Mitglieder. Wenn sich die Kirche als Institution zu wichtig nimmt, wenn sie ihre Strukturen sakralisiert und dadurch immunisiert, anstatt sie immer wieder zu reformieren, entfernt sie sich von Jesus Christus.

Machen wir uns noch einmal bewusst, worum es geht: Nur wer sich hat, kann sich verschenken. Nur aus der geschenkten Freiheit erwächst die Liebe. Die selbstvergessene Liebe ist die Konsequenz eines österlichen Glaubens.

Hierarchie-Gehorsam

Als Benedikt Papst wurde,
zogen sie ihre alten Gewänder an
und sich selbst in Sakristeien zurück;
sie schmückten sich mit Brüsseler Spitze
und allerhand Bömmeln und Tröddeln.
Sie schimpften gegen den Relativismus,
suchten nach ewigen Wahrheiten
und beharrten auf einer korrekten Liturgie.

Als Franziskus Papst wurde,
zogen sie ihre alten Gewänder wieder aus,
kritisierten die vormals unantastbare Kurie,
suchten nach einer barmherzigen Pastoral,
gingen an die Ränder der Kirche
und ans Ende der Welt.
Die Selbstherrlichen unter ihnen
gingen frühzeitig in Rente
oder flogen einfach raus.

Es ist besser, sofort auf das Evangelium
zu hören,
anstatt sich nur der jeweiligen Autorität
zu unterwerfen.
Dann muss man nicht andauernd
seine Meinung ändern
und bekommt keinen Wendehals.

Es gibt auch einen innerkirchlichen Zeitgeist,
in dessen Wind man sein Fähnchen hängt,
und der einen bald zum Witwer macht,
wenn man sich mit ihm vermählt.
Warum nicht gleich Jesus selbst die
Treue halten?

Veni Sancte Spiritus.

Kontemplation

Wer im Glauben gereift ist, wird ein Mystiker sein. Er wird alle magischen Gottesbilder hinter sich lassen, auf Gottes Beziehungsangebot eingehen und mit ihm leben. Er wird keine Gebete mehr aufsagen, sondern auf Gott hören. Einzig in der Liturgie spielen feste Formeln und Rituale noch eine Rolle, denn ohne sie kann der Glaube nicht gemeinschaftlich gefeiert werden. Die für erwachsene Christen angemessene Gebetsform außerhalb der Liturgie ist daher die Kontemplation.

Kontemplation bedeutet: Gott übernimmt die Initiative, der Mensch muss sich ausschließlich ihm überlassen. Er will nicht mehr etwas von Gott *haben,* sondern jemand vor und mit ihm *sein.* Im Gebet richtet der Mensch seine Aufmerksamkeit einzig und allein auf Gott: »Nicht mehr ich lebe, sondern Christus lebt in mir« (Gal 2,20). Das kontemplative Gebet besteht darin, sich nicht mehr um etwas zu bemühen, sondern sich auf Gott auszurichten in dem Vertrauen, dass alles von ihm ausgeht. Der Betende lässt alles los, lässt alles hinter sich, und verzichtet auf das diskursive Denken.

Gebet und Meditation bedeuten nicht mehr, etwas zu erreichen, auch nicht den eigenen psychischen Fortschritt. Kontemplation ist kein Streben nach etwas, kein Beschäftigen mit Gefühlen, sondern einzig und allein das Sein mit Gott; streng genommen ist sie gar keine Gebetsweise, sondern eher ein Seinszustand. Es geht um die Wende vom eigenen Streben, Machen und Wollen zum Loslassen all dessen. Es geht einzig und allein um Gott. Das ist die Erfahrung aller Mystiker: Wo ich ganz bei ihm bin, bin ich ganz bei mir, und wo ich ganz bei mir bin, bin ich ganz bei ihm. Selbsterfahrung und Gotteserkenntnis gehen immer Hand in Hand.

Dieser Weg ist einfach, denn Gott ist ein unendlich einfaches Wesen. Deshalb besteht das kontemplative Gebet zunächst im Wahrnehmen dessen, was ist. Es ist ein Wahrnehmen, Bewusstwerden, Innewerden und Gewahrwerden, ein Gegenwärtigsein ohne eigene Leistung. Alles kann so bleiben, wie es ist, alles darf sein, es muss sich nichts ändern. So stellt sich absolute Gelassenheit ein. Es ist kein aktives Beobachten von etwas, sondern ein absichtsloses Schauen. Dieses Schauen ist kein Kreisen um sich selbst, das kontemplative Gebet ist keine spirituelle Selbstbespiegelung, ganz im Gegenteil. Der Mensch hat nur *ein* Herz, mit dem er lieben kann. Deshalb kann er auch Gottes-, Nächsten- und Selbstliebe nicht voneinander trennen. An der Art und Weise, wie wir mit unseren Mitmenschen umgehen, kann man exakt erkennen, ob wir zu Gott gehören. Wer sich selbst nicht liebt, kann auch Gott nicht lieben. Und wer Gott nicht liebt, wird in anderen Menschen nicht die Mitgeschöpfe erkennen, die sie sind, ausgestattet mit derselben Würde und Gottunmittelbarkeit.

Menschen, die im Glauben nicht reifen konnten, halten häufig die Gottesliebe für wichtiger als die Nächstenliebe. Sie sagen dann, man müsse den Glauben, der für sie an oberster Stelle steht, in den Alltag umsetzen. Das ist aber nicht möglich. Vielmehr ist am Alltag exakt abzulesen, wie groß der Glaube ist.

Man hat nicht zuerst die Liebe zu Gott, die sich dann in die Liebe zum Nächsten umsetzen ließe. Man hat nur eine einzige Liebe; deshalb sind alle unsere menschlichen Beziehungen nur gemeinsam zu verstehen. Wer nur einen einzigen Menschen geringschätzt, verachtet damit auch Gott. Das kontemplative Gebet ist deshalb keine Weltflucht, denn wer gelernt hat, auf Gott zu hören, wird auch seinen Mitmenschen aufmerksam und empathisch zuhören können.

Der unreif gebliebene Fromme bleibt in seiner Ichbezogenheit gefangen, ist habsüchtig und will von Gott etwas erhalten. Der Mystiker will einfach nur mit und vor Gott sein; er fragt nicht danach, was das bringt oder was er davon hat. Er will einfach nur da sein und lieben; er lebt aus einem tiefen inneren Frieden, aus einer Gewissheit von Gottes Gegenwart. Geht er nach dem Gebet zurück in den Alltag, wird er diese Gegenwart auch weiterhin erfahren und daraus leben. Er wird empathisch für das Leiden anderer, er bleibt in Entscheidungen gelassen, kann anschauen und stehenlassen, was er noch nicht ändern kann. Vor allem kann er seine Mitmenschen so akzeptieren, wie sie sind. Schließlich kann er Gott als Gott anerkennen, ihn absichtslos loben, ihm danken, sich an ihn und die Menschen verschenken.

Wenn ich in diesem Sinn kontemplativ bete, nehme ich zunächst wahr, was ist. Ich schenke Gott ganz absichtslos meine Zeit, atme ruhig, lege die Hände buchstäblich in den Schoß, spreche ein kurzes Gebet. Dann nehme ich mir dreißig Minuten Zeit und tue dabei einfach nichts, nicht mit Gedanken, Worten und Taten. Vielmehr bin ich schlichtweg präsent, einfach da.

Meine Kontemplation beende ich mit einem Dankgebet und einem Segen. Diese Präsenz versuche ich auch im Alltag zu leben; versuche, immer ganz da zu sein bei dem, was gerade ist, nicht in Gedanken schon beim nächsten Termin – eine Präsenz, von der ich hoffe, dass sie andere ermutigt, ebenfalls ganz sie selbst zu sein.

Das Beispiel Bonhoeffer

Was einen gereiften Glauben ausmacht, einen Glauben, der mystisch und politisch ist, daheim in Gott und zugleich diesseitig wirksam, sehe ich exemplarisch verwirklicht in der Lebensgeschichte und Theologie Dietrich Bonhoeffers. Für mich ist er eine der ganz großen Glaubensgestalten unserer Zeit: ein Christ, dessen Glaube wirklich erwachsen geworden ist und der seinen Auftrag in Kirche und Welt gesehen hat.

Dietrich wird 1906 in Breslau geboren; bald darauf zieht die Familie nach Berlin. Er ist das sechste von acht Kindern. Sein Vater ist Professor für Psychiatrie, ein anerkannter und berühmter Mediziner und Wissenschaftler. Im Kaiserdeutschland dieser Jahre gehören die Bonhoeffers zur bürgerlichen Oberschicht. Sie sind wohlhabend, intellektuell, frei, doch mit starker Selbstdisziplin. Im Ersten Weltkrieg stirbt der ältere Bruder Walter. Das hinterlässt bei Dietrich tiefe Spuren. Nach dem Krieg ist das Land gespalten zwischen denen, die den Versailler Vertrag erfüllen wollen, und denen, die Nationalismus schüren. Politische Unruhen, Unsicherheit, Orientierungs- und Arbeitslosigkeit sind der Nährboden für die Ideologie des Nationalsozialismus.

Dietrich, der Sohn aus gutem Hause, studiert Theologie in Tübingen. Und das, obwohl die Familie kaum zur Kirche geht. Er steht nicht allzu fest in der Tradition des Glaubens. Aber er will es genau wissen. Er will wissen, wie Gott und Welt zusammengehören. Er macht Reisen nach Rom, nach Afrika. In Berlin promoviert er mit 21 Jahren zum Doktor der Theologie, macht sein Vikariat in Barcelona in Spanien, reist nach New York, nach Mexiko. Er besucht Karl Barth, den großen evangelischen Theologen. In Cambridge wird er zum europäischen Jugendsekretär für den Weltbund der evangelischen Kirchen gewählt. Zurück in Berlin, wird er Seelsorger am Prenzlauer Berg, dem Arbeiterviertel der Stadt, und findet sich bei den einfachen Leuten genauso gut zurecht wie in der wissenschaftlichen Theologie.

Als Hitler Reichskanzler wird, hält Dietrich eine Ansprache im Radio. Darin warnt er vor dem Missbrauch von Macht und Autorität. Ein Führer könne auch zum Verführer werden. Da schaltet der Sender das Mikrofon ab. Von jetzt an stellt Dietrich die Nazi-Diktatur radikal in Frage: Man darf, um mit einem bekannten Bildwort von Bonhoeffer zu sprechen, nicht nur die Opfer, die unter das Rad gekommen sind, verbinden, sondern muss dem Rad selbst in die Speichen fallen. Es geht also nicht nur darum, caritativ, sondern auch politisch zu handeln. Christen helfen nicht nur den Opfern, sondern sie verändern die Welt; sie verbinden nicht nur die Wunden, sondern die kämpfen gegen ungerechte Strukturen. Konkret: Wenn der Staat ein gewalttätiger wird, dann muss man ihn bekämpfen – was in den bestimmenden Kirchenkreisen damals als Sakrileg gilt.

Hitler ernennt Ludwig Müller zum Reichsbischof. Müller gehört zum Kreis der sogenannten Deutschen Christen, einer Vereinigung nationalsozialistisch gesinnter evangelischer Christen, die fast alle Pfarrer und Gemeinden hinter sich bringt, wohl aus Angst. Müller setzt sich ein für die Gleichschaltung der Kirche mit dem Staat, gegen die Juden, gegen das Alte Testament.

Er gliedert die evangelische Jugend in die Hitlerjugend ein. Das Flattern der Hakenkreuzfahne hält er für das Wehen des Heiligen Geistes.

Dagegen steht Dietrich auf: Er ruft die Pfarrer zum Streik auf und pocht auf die Freiheit des Glaubens und der Kirche. »Nur wer für Juden schreit, darf gregorianisch singen«, sagt er und wirkt mit bei der Gründung der Bekennenden Kirche. Auf ihrer Bekenntnissynode in Barmen stellt sich die Bekennende Kirche gegen den Arierparagrafen und damit gegen die Verachtung der menschlichen Würde und Freiheit. Dietrich selbst übernimmt die Leitung des Predigerseminars, das die Bekennende Kirche in Finkenwalde bei Stettin einrichtet. Hier sammelt er die angehenden Pfarrer, die Christus treu bleiben wollen.

Der Konflikt spitzt sich immer weiter zu. Dietrich muss sich entscheiden: Wenn Deutschland untergeht, bleibt die christliche Zivilisation am Leben. Wenn Deutschland siegt, wird das Christentum zerstört. Dietrich weiß, wie er sich zu entscheiden hat. Als er Redeverbot erhält, schließt er sich einer politischen Widerstandsgruppe gegen Hitler an. Offiziell arbeitet er als Agent für die militärische Abwehr, in Wirklichkeit bereitet er den Sturz der Regierung Hitler vor. Als er versteht, was Gottes Auftrag für ihn ist, wird er kriminell, um Christ zu sein; geht eigene Wege, um vor Gott glaubwürdig zu bleiben. Bei zwei Attentatsversuchen gegen Hitler gehört er zu den Mitverschwörern.

Im April 1943 wird Dietrich inhaftiert, zuerst im Gefängnis in Tegel, dann im berüchtigten Gestapo-Keller an der Prinz-Albrecht-Straße. Ein langer Prozess mit vielen Verhören beginnt. Mit bewundernswerter Entschlossenheit und Standfestigkeit besteht er diese Zeit. Viele seiner Schriften sind im Gefängnis entstanden. Weitere Stationen sind die Konzentrationslager Buchenwald, Regensburg, Schönberg und Flossenbürg. Hier wird Dietrich Bonhoeffer am 9. April 1945 gehängt. Seine letzten Worte: »Das ist das Ende. Für mich der Beginn des Lebens.«

Was ist die Botschaft dieses Glaubenszeugen? Die erste Botschaft ist eine theologische: Dietrich Bonhoeffer ist als Christ wirklich erwachsen geworden. Für ihn ist Gott kein Wünsche-Erfüller und Lückenbüßer mehr, sein Glaube ist diesseitig und kein bisschen magisch. Bonhoeffer hat entdeckt, dass Glaube wirklich tragen kann. Denn wenn wir nur zu Gott betteln, wenn uns etwas fehlt, dann bleiben wir kleine Kinder; Zwerge, magisch, abergläubisch, ängstlich. Wenn wir aber mit Christus leben – mit beiden Beinen auf dem Boden, mit dem Gesicht zur Welt –, dann fängt Glaube an zu leben. Dann ist er Gabe und Aufgabe. Bonhoeffer schreibt: »Wir sind eingeladen, vor und mit Gott so zu leben, als ob es Gott nicht gäbe.« Der Glaubende macht sich nicht Gott zu Diensten, sondern stellt sich in den Dienst Gottes. Dietrich Bonhoeffer zeigt, dass man so erwachsen als Christ leben kann, diesseitig, konkret. Er nennt es konsequent ein religionsloses, also magiefreies Christentum.

Die zweite Botschaft ist eine kirchliche: Viele nutzen die Kirche auch schon damals nur als Partyservice. Sie stellt einen gesellschaftlichen Rahmen dar, in dem die bürgerlichen Werte hochgehalten werden. Sie verziert Familienfeiern mit schönen Ansprachen und Gottesdiensten. Aber tiefgreifend verändern soll sie nichts. Aus dem wirklichen Leben soll sich die Kirche heraushalten. Das sogenannte Kulturchristentum ist ohne

Zweifel furchtbar nett, aber erschreckend folgenlos. Bonhoeffer will, dass die Kirche eine wirkliche Lebensgemeinschaft mit Bodenhaftung ist.

Wenn die Kirche nicht auf den Boden kommt, wenn man sie nur deshalb hochhält, damit sie sich heraushält, dann hat sie keine Kraft. Die Kirche muss eine bekennende Kirche sein, sie muss die Botschaft von Christus bekennen und leben. Christus lebt heute in seiner Gemeinde weiter; er lädt uns ein, ohne Angst und mit Selbstbewusstsein Christen zu werden und Kirche zu sein. Glaubwürdige Nachfolge Christi, darum geht es Bonhoeffer. Er schreibt: »Jeder tritt allein in die Nachfolge, aber keiner bleibt allein in der Nachfolge. Dem, der es wagt, Einzelner zu werden unter dem Wort Gottes, wird die Gemeinschaft der Gemeinde geschenkt.« Zuerst kommt also der Glaube an Christus, dann bilden die Glaubenden eine glaubwürdige Kirche.

Die dritte Botschaft ist eine politische: Bonhoeffer lernt, sich einzumischen in die Politik, weil sie unmenschlich geworden ist. Er fällt dem Rad in die Speichen und bezahlt mit dem eigenen Leben. Er hätte sicher eine glanzvolle Karriere als Professor vor sich gehabt. Vielleicht wäre aus ihm der größte Theologe des 20. Jahrhunderts geworden. Die Schriften aus seinen 39 Lebensjahren füllen ganze Regale. Es wären sicher noch mehr geworden, noch ausgewogenere, systematischere. Das alles wäre möglich gewesen, wenn er stillgehalten, zu allem Ja und Amen gesagt hätte, im Strom mitgeschwommen wäre, auf eigene Gedanken verzichtet hätte. Aber das hat er nicht getan.

Bonhoeffer ist ein nachdenklicher, kultivierter, musikalischer und sensibler Mensch, der sich dennoch nicht in Gedanken vergräbt, sondern handelt, wenn es Zeit ist. Ein Theologe, ein Kirchenmann, ein Politiker. Ich wünsche mir, ebenso erwachsen im Glauben zu werden. Ich wünsche mir eine Kirche, die wirklich Jesus nachfolgt. Ich wünsche mir ein Christentum, das sich einmischt in die Politik.

Bonhoeffer hatte mitten in den Wirren des Krieges Maria von Wedemeyer kennengelernt. Als seine Verlobte konnte sie ihn nur noch im Gefängnis besuchen. Aus dem Gestapokeller schreibt er ihr einen letzten Brief, zu Weihnachten 1944. Darin steht ein Gedicht, das alle kennen: »Von guten Mächten wunderbar geborgen«. Das Lied spricht von Geborgenheit, aber nicht im regressiven Sinn, sondern im Sinn eines Gottvertrauens, das zu Taten reift. Ein solches Gottvertrauen ist die Grundlage für ein erwachsenes, politisches Christentum.

Ein weiteres Gedicht Bonhoeffers bringt den Inhalt dieses Buches treffend auf den Punkt: »Christen und Heiden«. Es geht dabei zunächst um die magische Religiosität aller Menschen, die zu Gott kommen in ihrer Not, die etwas von ihm haben wollen. Dagegen steht der christliche Glaube, der mit Christus in der Welt sein will und leidenschaftlich handelt. Der Schluss ist verblüffend: Gott »vergibt ihnen beiden«, er macht keinen Unterschied. Deshalb gibt es Hoffnung für alle.

Christen und Heiden

Menschen gehen zu Gott in ihrer Not,
flehen um Hilfe, bitten um Glück und Brot
um Errettung aus Krankheit, Schuld und Tod.
So tun sie alle, alle, Christen und Heiden.

Menschen gehen zu Gott in Seiner Not,
finden ihn arm, geschmäht,
ohne Obdach und Brot,
sehen ihn verschlungen von Sünde,
Schwachheit und Tod.
Christen stehen bei Gott in Seinen Leiden.

Gott geht zu allen Menschen in ihrer Not,
sättigt den Leib und die Seele mit Seinem Brot,
stirbt für Christen und Heiden den Kreuzestod,
und vergibt ihnen beiden.

Dietrich Bonhoeffer

Konkrete Schritte

- Ich verzichte auf jede Selbstrechtfertigung. Christsein ist die Kunst, sich von Gott lieben zu lassen. Ich nehme mich an als sein Kind, so wie ich angenommen bin von ihm. Dankbar schaue ich auf meinen Lebensweg zurück; er ist der Weg, den Gott mit mir gegangen ist.

  Glaube ist kein Zustand, sondern ein Weg.

- Ich nehme regelmäßig die Bibel zur Hand, allein und mit Gleichgesinnten. Ich lese darin, spreche darüber, frage nach, lerne dazu. Mein persönliches Beten hat eine feste Zeit und einen festen Ort. Der Sonntagsgottesdienst ist für mich selbstverständlich.

  Man kann die Bibel entweder wörtlich nehmen oder ernst. (Pinchas Lapide)

- Mein Glaube soll wach und kritisch bleiben. Das Fragen ist die Frömmigkeit des Denkens und der Zweifel ist der kleine Bruder des Glaubens. Mein Blick auf die real existierende Kirche ist kritisch-loyal, mein Platz in dieser Kirche ist selbstgewählt und konsequent.

  Ich glaube dank, mit und trotz der Kirche.

- Ich nehme die Welt so wahr, wie sie ist, in aller Freiheit. Ich erkenne darin meine Berufung und meinen Auftrag. Ich bin so frei, zu wollen, was zu tun ist. Ich sorge nicht nur für meine Familie und deren Umfeld, sondern auch für mindestens einen Armen oder Kranken.

Glauben ist ein Tu-Wort.

- Meine von Gott geschenkte Freiheit besteht darin, österlich zu leben, so als ob ich bereits gestorben und auferstanden wäre. Deshalb kann ich mein Leben verschenken, kann mystisch und politisch sein, spirituell und solidarisch. Gott verwandelt seine Welt auch durch mich.

Ich bin Gottes Kind, das erwachsen wird.

Einladung

Wie gehen Sie, liebe Leserin, lieber Leser, mit Veränderungen um? Haben Sie Angst davor? Vor dem, was Ihnen als neu erscheint, als ungewohnt? Oder sind sie neugierig auf Neues, gespannt auf das, was auf Sie zukommt? Und was ist mit Ihren Gewohnheiten – sind Sie darin vielleicht festgefahren? Welche Entwicklungen gibt es in Ihrem Leben? Ich stelle mir diese Fragen auch selbst und merke dabei: Gott sei Dank, ich bin noch nicht fertig. Es gibt immer wieder etwas zu erfahren. Es kommt immer wieder etwas Neues auf mich zu. Das Leben bleibt spannend, jeden Tag. Auch ich brauche meine Gewohnheiten, das ist klar. Aber im Großen und Ganzen bleibe ich neugierig auf das, was Gott mit mir vorhat; auf das, was noch kommt.

Als Schüler und Student war ich sehr zurückhaltend und schüchtern. Der Mut zu einer eigenen Meinung kam erst später. Auch der Mut, öffentlich zu sprechen. Ich wollte einmal Busfahrer werden, dann Lehrer, Apotheker oder Organist. Priester ist mein Traumjob, das habe ich sehr bald gemerkt. Meine Heimat ist Steinfurt-Borghorst. Aber auch Münster, Freiburg und Bocholt haben mir gut gefallen, Vechta, Cloppenburg, Stadtlohn und Ahaus. In meiner Theologie gab es selbstverständlich Veränderungen. Als Student wollte ich einfach ein braver Priester werden, ich war damals noch sehr angepasst. Als Diakon und Kaplan habe ich gemerkt, wie lebendig es in der Gemeinde zugeht; die große Kirchenpolitik war mir damals noch egal, die

Basis war mir wichtiger. Als Jugendseelsorger habe ich gestaunt, welche tiefen Gespräche gerade mit denen möglich sind, die ansonsten kaum in die Kirche kommen. In der Erwachsenenbildung ging mir der große Unterschied zwischen Religion und Glaube auf, zwischen einer magischen Religiosität und einem mystischen Glauben. Erst als Pfarrer habe ich dann auch mal ein offenes Wort zur kirchlichen Lage gewagt. Es hat viel Mut gekostet, dahin zu kommen, zu sagen, was ich denke. Seit einigen Jahren trägt mich eine tiefe Sehnsucht nach Spiritualität, nach persönlicher Gotteserfahrung und nach Stille.

Kirche und Welt

Von der Kirche träumen
die meisten vergeblich.
An der Kirche bauen
die meisten umsonst.

Lasst uns lieber
die Welt verändern
im Sinne Jesu und
darauf vertrauen,

dass die Arbeit der Christen
für eine bessere Welt
auch die Kirche
verwandeln wird.

Entwicklungen, Neuanfänge, immer wieder. Es ging immer weiter, es blieb immer spannend. Deswegen bleibe ich neugierig. Neugierig auf das Leben, auch auf das Leben mit Gott. Wie wird es weitergehen? Wohin wird Gott mich führen? Was gibt es noch zu erfahren, zu lernen?

Bestimmt kennen Sie das auch: Veränderungen, Entwicklungen. Eltern entwickeln sich oft zusammen mit ihren Kindern. Berufliche Veränderungen machen kompetent. Geistige und geistliche Erfahrungen lassen reifen.

Es gibt auch Menschen, die sind allzu schnell zufrieden. Kein bisschen neugierig. Sie halten sich nur an ihren Gewohnheiten fest und nehmen alles so hin, wie es eben ist. Bloß nichts Neues! Sie wünschen sich nichts, und sie wollen nichts verändern. Sie denken: Man kann ja doch nichts machen. Und deshalb machen sie auch nichts. Aber es gibt Menschen, die wissen: In allem ist etwas zu wenig. Es muss doch mehr drinstecken zwischen Wecker und Tagesthemen, es muss weitergehen. Wenn das hier schon alles wäre, dann wäre doch alles nichts. Menschen, die ganz wach sind, die vordenken und anpacken können – solche Menschen haben häufig einen Sinn für Gott, einen tiefen Spürsinn für die Spuren Gottes. Ungewöhnlich und frisch sind sie, mit wenig Angst und viel Vertrauen.

Vielleicht denken Sie: Wir haben uns doch so schön eingerichtet, es hat lange gedauert, bis alles hing und stand und lag, bis das Häuschen fertig war und die Kinder groß. Das wollen wir jetzt genießen. Wir können nicht alles aufgeben und irgendwo anders hingehen. Aber wir müssen immer wieder aufbrechen, wenn uns das Leben nicht langweilig werden soll. Wir müssen

Neues wagen, wenn wir nicht auf der Stelle treten wollen. Wir müssen vordenken und anpacken. Dann bleibt das Leben spannend, dann tut sich etwas.

In allen Menschen lebt eine Sehnsucht nach mehr. Diese Sehnsucht, die Karl Rahner das »übernatürliche Existential« nennt, treibt uns an, sie ist der Motor unseres Lebens. Christen glauben, dass nur Gott unsere Sehnsucht stillen kann. Man sollte uns deshalb daran erkennen, dass wir nicht nur in Gewohnheiten stecken. Wir gehen mutig unseren Weg. Sogar unseren allerletzten Weg gehen wir mit heiterer Gelassenheit: Es gibt ein Ziel, und das Beste kommt noch!

Ich wünsche Ihnen, liebe Leserin, lieber Leser, diese Sehnsucht nach mehr, und dass wir nicht allzu schnell zufrieden sind. Das heißt ja nicht, unzufrieden zu werden. Sondern aufmerksam zu bleiben für das, was wir ändern können in unserem eigenen Leben und in der Welt. Sich nicht bloß arrangieren, sondern sich engagieren – so kann man es auch nennen. Und behalten Sie diesen einen Satz im Hirn und im Herzen: Glaube ist kein Zustand, sondern ein Weg. Dieser Weg führt von der Magie zur Mystik.

Dieses Buch soll Sie nicht dazu verführen, Ihre religiöse Umwelt oder gar Ihre Mitmenschen einzuteilen in magisch oder mystisch, religiös oder gläubig. Es soll Ihnen vielmehr Mut machen, sich selbst weiterzuentwickeln und auf dem Weg zu bleiben. Dafür ist es nie zu spät. Bleiben Sie dran (Joh 15,9)!

Christsein

Ich denke
von Gott transzendent:
Er ist das große Geheimnis
hinter allen Dingen
und in jedem Menschen.

Ich rede
mit Gott wie mit einem Du:
Er ist mir unendlich nah in Jesus,
er lebt in mir durch seinen Geist,
näher als ich mir selber bin.

Ich handle
vor und mit Gott,
als ob es ihn nicht gäbe.
Er hat mir einen Teil der Welt
in die Hände gelegt.

Zum Autor

Stefan Jürgens, geb. 1968, Priesterweihe 1994, ist seit 2019 leitender Pfarrer der beiden Pfarreien Ahaus und Alstätte-Ottenstein St. Mariä Himmelfahrt mit ihren fünf Gemeinden. Zuvor war er Jugendseelsorger einer Region, Geistlicher Rektor einer Akademie sowie Pfarrer in Stadtlohn und Münster. Durch das »Wort zum Sonntag« sowie als Hörfunksprecher und Buchautor ist er über die Gemeindepastoral hinaus bekannt geworden. Zu seinen besonderen Anliegen gehören die geistliche Vertiefung des Glaubens sowie konkrete Schritte zur Reform der Kirche um des Evangeliums willen. Seine Freizeit nutzt er zum Schreiben und Musizieren.

Kep 1 Jür